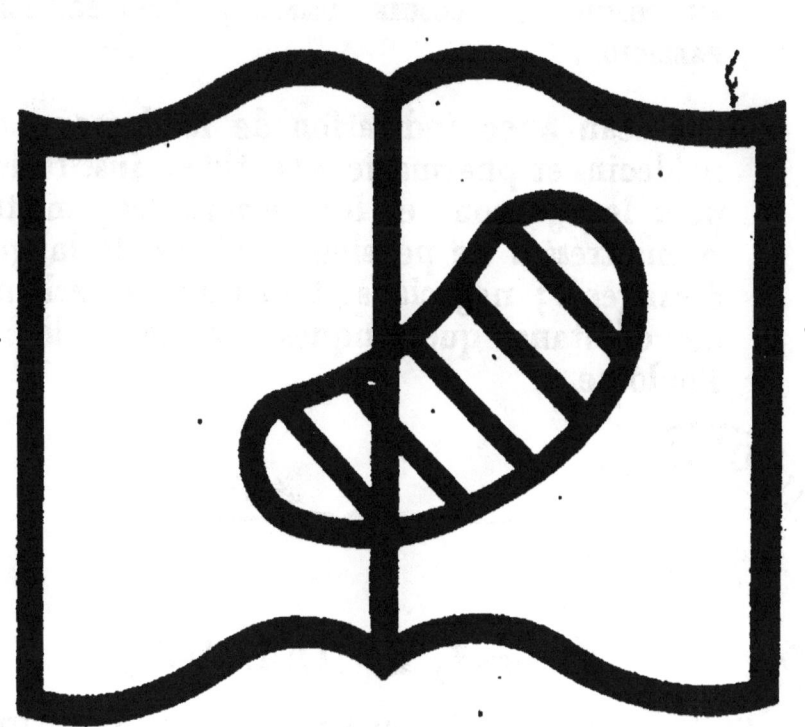

Original illisible

NF Z 43-120-10

GUIDE DES ÉTRANGERS

DANS

TOULOUSE ET SES ENVIRONS,

CONTENANT DES NOTICES HISTORIQUES ET DESCRIPTIVES SUR LES MONUMENS OU ÉDIFICES PUBLICS OU PRIVÉS, ANCIENS ET MODERNES ; SUR LES MUSÉE, BIBLIOTHÈQUES, OBSERVATOIRE ET JARDIN DES PLANTES ; SUR LES FONTAINES, EMBELLISSEMENS, ETC. ; SUR TOUS LES ÉTABLISSEMENS AYANT RAPPORT A L'INDUSTRIE OU AU COMMERCE, COMME USINES, MANUFACTURES, FABRIQUES.

Le tableau avec indication de la demeure des médecins et pharmaciens ; artistes, institutions pour les garçons et les demoiselles ; maîtres et maîtresses de pension ; maîtres de langues étrangères ; négocians, fabricans, marchands ou débitans quelconques de la ville de Toulouse.

Se vend, A TOULOUSE,

Au Bureau de l'Annuaire, chez DAGALIER, Libraire, rue de la Pomme, n.º 71, et chez les Libraires de la ville et du département.

1834

TOULOUSE, IMPRIMERIE DE J.-M. CORNE.

GUIDE DES ÉTRANGERS

DANS

TOULOUSE ET SES ENVIRONS.

PREMIÈRE PARTIE.

DESCRIPTION DE LA VILLE.

Pour orienter nos voyageurs, et leur donner un premier aperçu de notre ville, nous les conduirons d'abord sur les points les plus importans et les lieux les plus remarquables.

Il nous a paru convenable de prendre pour premier point de départ, celui où la route de Paris touche à l'enceinte de la ville, et partant de là, le premier objet qui attire les regards est, à droite de la route, un vaste enclos et des bâtimens assez considérables. C'est un ancien couvent des Minimes, transformé aujourd'hui en une minoterie appartenant à M. Corail. Un peu plus loin on aperçoit le Canal du Midi (1), qui coupe la route en se dirigeant de

---

(1) Voir la Notice historique ci-après.

l'est à l'ouest; on le traverse sur un pont en pierre, au-delà duquel on aperçoit la porte d'*Arnaud-Bernard*, le beau clocher pyramidal *de Saint-Sernin* et le dôme de l'église *de Saint-Pierre*. L'écluse située à droite du pont sera remarquée par le voyageur, à qui ces moyens ingénieux, pour faire monter ou descendre les bateaux, seraient inconnus. En suivant dans la direction de l'ouest, l'une ou l'autre rive du Canal, on arrive, en quelques minutes, à l'écluse du *Béarnais;* de belles allées conduisent ensuite au pont double de l'Embouchure.

Cet ouvrage d'art forme en effet deux ponts joints ensemble. Les eaux du Canal du Midi passent sous le premier; celles du *Canal de Brienne* ou de *Saint-Pierre*, coulent sous le second. Le massif de maçonnerie qui joint les ponts, est orné d'un bas-relief en marbre blanc d'Italie : ce bas-relief a cinquante pieds de long. Au centre de la composition, on voit la province de Languedoc ordonnant au Canal du Midi de joindre ses flots à ceux de la Garonne. Les figures sont de grandeur colossale, sculptées par *F. Lucas*, artiste né à Toulouse.

Le Canal, devenu très-large à sa jonction, se termine à l'écluse à deux bassins, dite de l'*Embouchure*. C'est là que les eaux venues de la Montagne-Noire, s'épanchent dans la Garonne; c'est là le point de jonction des deux mers, ou plutôt celui d'où l'on peut également correspondre avec les bords de la Méditerranée et ceux de l'Océan. Le voyageur qui visite ce lieu intéressant, est également surpris de la variété des aspects et de la fraîcheur du paysage. D'un côté, les belles allées qui environnent le *Petit-Gragnague*; de l'autre, le bosquet touffu de l'Embouchure; en face, le bas-relief qui décore le pont double, les allées du Canal du Midi, celles bien plus belles encore de celui de Brienne; dans le lointain, les tours, les dômes, les clochers de Toulouse; et enfin, dans une échappée de vue, les cimes neigeuses des Pyrénées : tels sont les objets qui frappent les regards lorsque l'on est placé sur ce point que de grands et glorieux souvenirs consacrent encore.

Le 10 Avril 1814, époque de la bataille livrée à l'armée française par les Anglais, leur général, *sir Thomas Picton*, attaqua la tête du pont de l'Embouchure, et tous les bâtimens voisins dans lesquels les Français s'étaient retranchés. Ce général avait deux divisions d'infanterie sous ses ordres. Il renouvela plusieurs fois l'attaque, et fut constamment repoussé par environ six cents hommes. Les pertes de l'ennemi furent considérables. Les troupes françaises souffrirent aussi, mais dans une porportion beaucoup plus faible. On peut encore remarquer les traces de l'attaque, en contemplant les trous faits par les balles dans toute la boiserie du hangar sous lequel on place les marchandises. C'est là qu'environ quarante valeureux Français ont glorieusement perdu la vie en combattant pour la patrie. Leurs restes ont été inhumés dans le bosquet et dans les champs voisins.

Pour aller de l'embouchure du Canal dans

l'enceinte de la ville, on peut suivre plusieurs routes. En choisissant celle de droite, on traverse le bosquet, ou longe le canal de fuite du moulin du Bazacle, et l'on arrive à un petit faubourg dans lequel sont établies les filatures de coton de M. *Plohais*, des blanchisseries, des amidonneries, la belle fabrique de faux de M. *Garrigou*, établissement très-important que l'on doit visiter, les bâtimens immenses de l'ancienne manufacture de M. *Boyer-Fonfrède*, aujourd'hui celle des tabacs de la régie, et le fameux moulin du Bazacle, rebâti en 1814. Ce moulin est surtout remarquable par la chaussée qui traverse en entier le lit de la Garonne, et en soutient les eaux à près de 12 pieds au-dessus de leur niveau ordinaire. Retenues ainsi, ces eaux forment un bassin d'une vaste étendue, contenues par de fort beaux quais qui ne se terminent qu'au Pont-Neuf. En entrant dans la ville, on trouve à gauche l'ancienne église de Saint-Pierre, et l'arsenal, immense dépôt d'armes et d'artillerie, et que l'on ne doit pas négliger de visiter : c'est l'un des plus beaux du royaume. Dans l'ancien local des Capucins, attenant à l'arsenal, est placée l'école d'artillerie, déjà célèbre par les professeurs qui y sont attachés, et par les officiers distingués qui en sont sortis. Le Polygone est situé hors de la barrière de Saint-Cyprien, entre la route de Bayonne et celle de Tarbes. Les exercices attirent quelquefois dans ce lieu une grande affluence.

A peu de distance du Bazacle, on passe sur un pont ouvert dans le quai, et c'est là le lieu de la prise d'eau du Canal de *Brienne*, destiné à recevoir les bateaux qui, arrêtés par la chaussée, ne peuvent suivre le cours de la rivière. On n'a point terminé les bâtimens uniformes qui devaient border les quais. Le seul édifice un peu remarquable que l'on y trouve, est l'église de la Daurade. (Voir sa Description ci-après.) Le pont qui traverse la Garonne a été commencé en 1543 sur les plans du célèbre *Bachelier*, et terminé, sous le règne de *Louis XIII*, par *Bachelier* fils, et *Souffron*. Ce pont, extrêmement large, et d'une belle construction, est terminé, du côté du faubourg de *Saint-Cyprien*, par un arc de triomphe du dessin de *François Mansard*; de l'autre côté de cet arc de triomphe, à l'entrée du faubourg Saint-Cyprien, on voit s'élever une tour de forme circulaire : c'est le Château-d'Eau (que l'on devra visiter muni de la notice insérée dans notre Guide); c'est dans ce bâtiment qu'est établie la machine hydraulique qui fournit l'eau à nos fontaines. La vue dont on jouit du haut de ce pont est superbe, et ce côté de la ville est celui qui attache particulièrement les regards des voyageurs.

La belle rue de Saint-Cyprien, située à l'extrémité du Pont, conduit à une place carrée, ornée de façades régulières, et terminée par une belle grille en fer. A la droite et à la gauche de cette grille, sont placées deux statues colossales en pierre ; elles sont de *François Lucas*. La première représente la ville de Toulouse ; sa tête est ornée d'une couronne murale ; les attributs des sciences et des arts sont placés près d'elle. Son geste et son regard semblent inviter l'étranger à entrer dans la cité *Palladienne*. La seconde statue représente la province de Languedoc. Elle détourne sa tête du côté de la ville, et semble contempler avec orgueil son antique capitale. En sortant du Pont, on trouve, à gauche, une promenade charmante, bordée d'un quai très-élevé. Elle porte le nom de *Cours Dillon*. Une belle grille termine cette promenade, et forme la barrière de *Muret*. A partir de ce lieu, commence la belle route de ce nom; elle conduit aux eaux d'Encausse, de Labarthe, de Bagnères-de-Luchon, de Bagnères-de-Bigorre et de Barèges. A environ une lieue de distance, cette route rencontre celle qui conduit à Foix et aux eaux d'Ax et d'Audinac. Une promenade extérieure commence à la barrière de Muret, et s'étend en ligne droite, en passant devant la grande barrière de *Saint-Cyprien*, jusqu'à l'extrémité de l'enceinte de l'*hospice de la Grave*, près de la digue du Bazacle.

Une place carrée et bordée d'édifices uniformes est située hors la barrière de *Saint-Cyprien*. De là, un chemin magnifique, bordé de beaux arbres, conduit à un lieu nommé la *Pate d'Oie*. C'est un vaste carrefour circulaire, où aboutissent plusieurs routes, et entre autres celle de Bayonne. On voit de là le Polygone. En suivant un petit chemin qui existe entre cette grande route et la rive gauche de la Garonne, on parvient à l'amphithéâtre romain, situé près du château *Saint-Michel*. Une route tracée en ligne directe se prolonge jusque sur la hauteur dite le *Pigeonnier*. On voit de là en perspective, à près de trois quarts de lieue de distance, et la belle rue de *Saint-Cyprien*, et l'arc de triomphe du Pont.

En rentrant par la grande barrière, le voyageur doit se détourner à gauche pour aller visiter l'hospice de la *Grave*, établissement extrêmement vaste, dans lequel sont placés les enfans-trouvés et les personnes dont la raison est aliénée. On pourra parcourir les immenses bâtimens et les jardins de cet hospice. On remarquera un bel orme placé au centre de l'une des cours. L'hospice ou *Hôtel-Dieu Saint-Jacques* est digne aussi d'être visité par l'étranger. Il y remarquera de vastes salles, l'ordre et la propreté qui y régnent, plusieurs portraits des bienfaiteurs qui en décorent les murs et les chapelles.

En repassant sur le Pont, l'étranger devra se diriger sur la droite; il verra de ce côté, sur la rive gauche du fleuve, l'île et le bâtimens du moulin à poudre, et sur la rive opposée, la chaussée du moulin du *Château*, l'île de *Tounis*, et le pont suspendu qui lui sert de communication avec la ville. Dans le lointain, sur la rive gauche du fleuve, il apercevra le village de *Vieille-Toulouse*, situé sur les collines qui portent le nom de *Pech-David*, et qui sont la dernière ramification des Pyrénées.

Après avoir passé le Pont, le voyageur demandera la plase et la maison d'*Assezat*. Il entrera dans la cour de cet hôtel, et en examinera l'architecture. Ce beau morceau a été exécuté, à ce que l'on croit, d'après les dessins du *Primatrice*. La rue des *Couteliers* n'offre rien qui soit digne de remarque; mais à son extrémité on trouve l'hôtel de *Malte* ou de *Saint-Jean*, l'église gothique de ce nom, l'hôtel *Daguin*, et le nouveau couvent de la *Visitation*, bâti sur les plans de M. *Maguès*, ingénieur du Canal et membre de l'académie des sciences de Toulouse.

L'hôtel de *Saint-Jean* est d'une belle architecture italienne. C'est un des édifices les plus remarquables de cette ville; il a été bâti d'après les dessins de *Jean-Pierre Rivals*.

L'hôtel *Daguin*, ou la *maison de pierre*, est décorée de quatre grandes statues par *Artus* et *Guepin*, élèves de *Bachelier*. Ces statues représentent *Apollon*, *Mercure*, *Junon* et *Pallas*. Il faut entrer dans la cour de cet hôtel, afin d'en examiner les formes architecturales.

On trouve presque vis-à-vis cet hôtel un portique que l'on doit considérer avec soin; il a été élevé d'après les dessins du fameux *Bachelier*; et les deux cariatides que l'on y remarque furent sculptées par lui.

L'église du couvent de la *Visitation*, que l'on trouve à peu de distance de l'hôtel *Daguin*, est digne d'être vue. Elle est décorée de tableaux, par *Despax*, peintre, né à Toulouse, et par M. *Suau* fils. Ce couvent a été bâti en partie sur le local qu'occupait autrefois celui des Templiers, et la rue porte encore le nom de *rue du Temple*.

En continuant sa marche, le voyageur parviendra vis-à-vis la *Fonderie royale*, établie dans le bâtiment des religieuses de *Sainte-Claire*. On doit solliciter la permission d'entrer dans ce beau local, afin d'assister, s'il est possible, aux opérations qui ont lieu lorsque l'on coule quelques pièces d'artillerie, et pour voir forer les canons. M. le lieutenant-colonel Aubertin est directeur de cet établissement.

Le palais où siégeait le parlement est peu éloigné du couvent de l'Inquisition. Considéré extérieurement, cet édifice n'offre rien de remarquable que sa masse; il y a dans l'intérieur quelques salles assez belles, la *chambre dorée*, celle de la *cour d'assises*, la *grande salle*, etc. On a construit depuis peu d'années, sur le même terrain, une fort belle salle où se tiennent les assises de la cour royale.

Non loin de là, sur l'ancienne place du Palais, on a construit de nouvelles prisons, où sont détenus les prévenus pour crimes, et les condamnés à la détention. Ces prisons sont fort vastes; les détenus y sont aussi commodément que le comportent leur situation et les lois de l'humanité; en un mot, elles sont aérées et salubres.

Hôtel de la Monnaie.

Il est placé en face du palais. Les personnes qui désirent voir fabriquer des pièces, doivent s'adresser à M. le directeur, afin d'obtenir la permission d'examiner en détail les ateliers, et d'assister aux différentes opérations du monnoyage.

Observatoire.

Il est situé près du palais. L'importance de ce bel établissement, fondé par M. de *Garipuy*, est universellement reconnue. La beauté du ciel, l'excellence des instrumens et le talent des astronomes, ont rendu cet Observatoire célèbre. C'est là que M. *Vidal*, auquel le fameux *Lalande* avait donné le nom de *Trismégistes*, a dressé un catalogue de 888 étoiles australes inconnues, depuis la cinquième grandeur jusqu'à la septième inclusivement.

L'étranger pourra, après avoir vu l'Observatoire, sortir par la barrière de Saint-Michel, et, se tournant vers la gauche, suivre la première allée de l'Esplanade. Il verra, d'un côté, la tour ronde du palais, la plate-forme de l'Observatoire, et un peu plus loin, du côté opposé, l'église des ci-devant Carmes-Déchaussés, et le portique du Jardin des Plantes. Il passera devant la porte *Montgaillard* et le *Jardin-Royal*, jolie promenade complantée de tilleuls de Hollande, et formée sur le terre-plein d'une demi-lune qui défendait autrefois les approches des portes de *Montgaillard* et de *Montoulieu*. A l'extrémité de l'allée il trouvera le *Grand-Rond*, point central où viennent aboutir la Grande-Allée, celle de *Saint-Etienne*, de la *Barraquette* et des *Zéphyrs*. Cette promenade est l'une des plus belles du Midi de la France. La largeur des allées, la hauteur des arbres, l'aspect des Pyrénées et des collines de *Pech-David*, la vue du Canal des Deux-Mers, tout se réunit pour rendre ce lieu digne d'être remarqué ; c'est la promenade la plus fréquentée par les dames. Le chantier des bateaux est placé entre l'allée de la *Barraquette* et celle des *Zéphyrs*. On y voit quelquefois des tartanes, des brigantins, et autres petits vaisseaux en construction, destinés à parcourir les côtes de la Méditerranée. Le port de *Saint-Etienne* tient aux chantiers. Il renferme beaucoup de barques marchandes, et l'on y remarque chaque année plusieurs bâtimens génois et espagnols.

Si l'on suit la grande rue du faubourg Saint-Etienne, on se dirige sur la place de la Préfecture. Au centre est une ancienne fontaine ornée d'un obélisque. L'ancien archevêché, devenu *hôtel de la préfecture*, est remarquable par sa masse imposante ; il n'est séparé de l'église métropolitaine que par une petite rue qui conduit à la *Bibliothèque du clergé*. L'intérieur de l'hôtel est très-beau ; les appartemens du rez-de-chaussée méritent aussi d'être vus, ainsi que la belle salle du synode et les jardins.

L'hôtel actuel de l'archevêché était autrefois celui du premier président ; il est situé dans la rue Croix-Baraignon, qui conduit directement à la place Rouaix ; cette place est ornée d'une nouvelle fontaine.

En allant de cette dernière place à celle des *Carmes*, aujourd'hui place d'*Orléans*, on voit un beau bassin de forme circulaire, au milieu duquel jaillit une belle gerbe d'eau limpide.

En suivant la grande rue des Orfèvres, on parvient à la place couverte de la Pierre, où se tient le marché aux grains, et où sont fixées les mesures; il y a aussi des étaux pour les bouchers. De là, en suivant la rue *Saint-Rome*, on arrive sur la *place du Capitole*; cette place très-vaste, de forme oblongue, est ornée de quatre jolies fontaines placées à chacun de ses angles. Les deux façades, parallèles aux angles du Capitole, sont régulières; plusieurs projets sont présentés pour embellir celle qui est en face.

CAPITOLE.

Le *Capitole*, ou l'Hôtel-de-Ville, est situé à peu-près au centre de Toulouse, sur la place qui porte le même nom ; sa façade, exposée à l'ouest, a été terminée en 1769; elle a soixante toises de longueur ; elle est composée d'un arrière-corps et de trois avant-corps, dont deux terminent les extrémités; la grande entrée est dans le troisième. Cet ouvrage est décoré d'un ordre d'architecture ionique colossal, qui porte un soubassement continu, avec des portiques refendus, et dont les claveaux sont ornés de têtes. L'avant-corps du milieu est enrichi de huit colonnes de marbre rouge de Carrare. Il est terminé par un fronton triangulaire, dans le tympan duquel ont figuré les médaillons de Louis XIII, de Napoléon et de Louis XVIII, auxquels on a substitué, depuis la révolution de 1830, cette légende en lettres dorées : *Liberté, ordre public.*

Sur les côtés on voit deux génies, et aux extrémités la *Force* et la *Justice*. Les frontons des avant-corps latéraux sont circulaires ; ils renferment dans leur tympan les armes de la ville, et ils sont terminés par un groupe de figures. On voit sur le fronton de la salle du Spectacle, la *Tragédie* et la *Comédie*, avec leurs attributs. Celui de l'autre extrémité du bâtiment est surmonté par la figure de *Clémence Isaure*, restauratrice des Jeux-Floraux ; elle tient dans sa main les fleurs que l'on distribue aux auteurs couronnés par l'académie. Vis-à-vis est *Pallas*, déesse des sciences et des arts. Ce grand morceau d'architecture est de la composition de *Cammas*, peintre de la ville et professeur. Les sculptures ont été exécutées par *Parant*, professeur à l'école des arts de Toulouse.

En entrant dans l'Hôtel-de-Ville, on trouve d'abord un grand vestibule orné de trophées. A droite est un vaste corps de garde, et à gauche un péristyle et un arceau par lequel on arrive dans les bureaux de la police, celui de l'état-civil, et celui où l'on vise les passeports des étrangers.

L'on trouve dans la première cour (1), ter-

―――――

(1) Dans cette cour, en entrant à droite, sous le premier arceau, on aperçoit une porte carrée qui conduit, par une petite cour ou

minée à droite et à gauche par des arceaux qui soutiennent les galeries supérieures, deux portes ornées de colonnes cannelées d'ordre ionique, et de figures. Celle que l'on voit en face est du fameux *Bachelier*, élève de *Michel-Ange*. Les trois figures qui sont autour de l'archivolte sont faites par ce célèbre artiste : celle qui est à droite est admirable. On voit au-dessus de l'entablement en charpente, un peu surchargée d'ornemens, une niche où est placée la statue d'*Henri IV*, en marbre noir ; la tête et les mains sont de marbre blanc. Cette cour fut bâtie sous le règne de ce prince, et c'est là où le duc de *Montmorency* eut la tête tranchée.

La porte dont nous venons de faire la description, sert d'entrée à une espèce de vestibule, au milieu duquel on trouve à gauche une belle grille en fer qui sert de clôture au grand escalier qui conduit aux salles de Illustres et du Trône ; après cette grille est l'entrée des anciennes prisons de la ville, et au-dessus de cette entrée se trouve celle de la

---

ciel ouvert, dans les bureaux du maire et du secrétariat, situés au rez-de-chaussée. — En face de la porte de ces bureaux se trouve l'escalier qui conduit dans les bureaux de la comptabilité de la ville et celui de l'ingénieur, situés au premier ; au second sont les bureaux de *l'architecte-voyer*. Ces bureaux occupent presque toute l'aile gauche du Capitole. Cette partie n'offre rien qui puisse fixer l'attention des curieux.

caisse municipale; puis attenant ce local; la porte de sortie du vestibule par laquelle on entre dans la seconde cour du Capitole, l'on aperçoit en face une petite porte carrée qui servait d'introduction à un bel escalier dont la construction permettait d'y faire monter des chevaux. C'est par là que l'on parvenait aux archives et à la plate-forme du donjon, sur laquelle on plaçait autrefois de l'artillerie. Cette plate-forme est couverte d'un dôme qui était, il y a peu de temps encore, surmonté d'une statue en plomb représentant la Renommée.

Cette statue portait d'une main une girouette, et s'appuyait de l'autre sur un cartouche, sur lequel sont gravées les huit lettres initiales C. P. Q. T. M. D. LV. (Capitolium Populus Que Tolosanus, 1555 (1).

Dans cette même cour, à droite, on trouve une porte qui conduit dans un local appelé le Petit-Consistoire. Cette salle est encore digne d'être visitée. La voûte en est gothique; elle est soutenue par plusieurs arcs-doubleaux; on voit au-dessus de la cheminée un grand tableau allégorique, peint par Jacques Boulevène, de Moissac, en 1595.

On voit au milieu de ce tableau un jeune guerrier vêtu à la romaine, et couronné de laurier; il tient de la main gauche une pique,

---

(1) Cette plate-forme menaçant de s'écrouler, on a cru prudent de la décharger de l'énorme poids de cette figure coulée en plomb.

de l'autre il couronne la Prudence. Celle-ci tient dans une main une sphère, dans l'autre un sceptre surmonté d'un œil, et une chouette est placée sur son épaule. A gauche on voit un jeune homme qui tient un sablier ; une grue est à côté de lui. C'est dire allégoriquement aux magistrats : *Voulez-vous que votre administration soit glorieuse? Soyez prudens, sages et vigilans.*

GALERIES SUPÉRIEURES ET SALLES DES ILLUSTRES ET DU TRÔNE.

C'est par le grand escalier, dont l'entrée est sous le vestibule que nous venons de décrire, que l'on est introduit dans la première galerie appelée salle des Pas-Perdus, et par cette galerie, dans la salle des *Illustres Toulousains*. Là sont placés dans des niches, au bas desquelles on lit des inscriptions latines, les bustes des grands hommes auxquels la ville de Toulouse se glorifie d'avoir donné le jour.

Nous croyons faire une chose agréable à nos lecteurs étrangers, en plaçant ici quelques notices sur ces hommes célèbres ; et afin qu'ils puissent les lire après en avoir examiné les bustes, nous les avons placés dans le même ordre chronologique.

Notices historiques sur les hommes illustres de Toulouse.

1. *Statius Surculus* ou *Ursulus*, né à Toulouse, suivant *Eusèbe*, enseigna la rhétorique dans les Gaules et à Rome avec applaudissement. Mort vers l'an de J. C. 57.

2. *Marcus Antonius Primus*, né à Toulouse, tribun de légion, élevé à la dignité de sénateur sous *Néron*, fut l'un des plus grands capitaines de son siècle. Eloquent, intrépide, chéri des soldats, il sembla balancer pendant quelque temps les destinées du monde. *Vitellius* régnait dans Rome, *Vespasien* avait été proclamé empereur par les légions qui occupaient les provinces de l'Orient. Placé non loin de la capitale, *Antonius Primus* pouvait faire à volonté pencher la balance du côté de l'un ou de l'autre compétiteur. Il se déclare pour *Vespasien*, marche vers Rome, et *Vitellius* est vaincu. Joignant la grandeur d'âme au génie du conquérant, *Antouius Primus* aime mieux assurer à *Vespasien* l'empire de l'univers, que de placer sur son front la couronne des Césars que ses légions victorieuses lui offraient. *Vespasien* fut peu reconnaissant, et quelque temps après il exila *Antonius Primus* dans les Gaules. Ce grand homme ne fit entendre aucun murmure, et la culture des lettres le consola de l'ingratitude du monarque. Le poëte *Martial* lui a adressé plusieurs ouvrages.

3. *Emilius Magnus Arborius* enseigna dans Toulouse la rhétorique à *Julien*, à *Dalmace* et à *Annibalien*, frères de *Constantin*. Cet empereur l'appela à Constantinople, le combla de richesses, et lui confia l'éducation d'un de ses fils, qu'on croit être *Constance*, son successeur à l'empire, mort en 313 de J. C. *Arborius* était oncle du fameux poëte *Ausone*, et prit soin de l'élever auprès de lui à Toulouse.

4. *Victorinus*, l'un des plus grands hommes de son siècle, remplit avec honneur les principales charges de l'empire, et entre autres celle de vicaire du préfet des Gaules, dans l'île de Bretagne. L'amour des lettres le rappela dans sa patrie, où il vivait en philosophe, lorsque cette ville fut prise par les Visigots. Forcé d'abandonner sa retraite, il se fixa en Italie, dans la Toscane, au voisinage de Volterre, et préféra cette solitude à la cour de l'empereur *Honorius*, qui, pour l'attirer près de lui, lui offrit inutilement la charge de comte palatin. Il mourut vers l'an 425.

5. *Théodoric I*, roi de Toulouse, a rendu son nom fameux par deux victoires éclatantes qu'il remporta, l'une contre *Littorius*, général romain, qui l'avait assiégé dans sa capitale, et l'autre contre le barbare *Attila*, roi des Huns; mais il périt dans cette dernière action, qui remonte à l'an 451.

6. *Théodoric II*, roi de Toulouse, racheta, par les plus grandes qualités, le crime dont on l'accusa de s'être noirci pour monter sur le trône. Il éleva *Avitus* à l'empire romain, et conquit une partie de l'Espagne, non pour agrandir ses Etats, mais pour se venger de *Ricciaire*, roi des Suèves, qu'il renversa du trône, pour y placer un de ses sujets. Il mourut l'an 466.

7. *Raymond de Saint-Gilles*, comte de Toulouse, l'un des plus grands capitaines que cette ville ait produits, se signala, par sa valeur et ses autres qualités, dans la première croisade. Après la conquête de Jérusalem, à laquelle

il avait eu la principale part, on lui offrit la couronne du nouveau royaume de Judée ; mais il eut la générosité de refuser cette éclatante marque de l'admiration qu'excitaient ses vertus, et il mourut en faisant le siége de Tripoli en 1105.

8. *Bertrand*, comte de Toulouse, suivit les traces de *Raymond de Saint-Gilles* son père, et se couvrit de gloire dans la Terre-Sainte par ses combats contre les Sarrasins. Il se rendit maître de Tripoli, et devint le chef de la branche de la maison de Toulouse, qui a subsisté long-temps en Orient sous le titre de comtes de Tripoli. Il mourut en 1112.

9. *Guillaume de Nogaret*, né à Saint-Félix de Caraman, dans l'arrondissement de Villefranche, d'abord professeur en droit civil à Montpellier en 1291, et juge-mage de Nîmes en 1294. Le roi l'ayant employé avec succès dans plusieurs affaires importantes, l'admit dans son conseil, et le créa chancelier et garde-des-sceaux de France en 1307. Son nom est célèbre par le courage avec lequel il défendit les intérêts de *Philippe-le-Bel* contre les attentats de *Boniface VIII*; il fut le plus ferme soutien des lois, et se rendit également utile à son roi dans la guerre et dans la paix. Il mourut en 1313. Il avait été anobli en 1299. La maison de *Nogaret* se divisa en deux branches : la cadette se fixa dans le diocèse de Nîmes, l'aînée demeura dans les environs de Toulouse. C'est de celle-ci que descendaient les ducs d'*Epernon*, du nom de *Nogaret*. Les plus illustres de cette branche sont, 1.º *Jean*

de *Nogaret de la Valette*, colonel de la cavalerie de France, lieutenant du roi en Guienne, et qui, après s'être signalé à Montcontour, préserva Toulouse des entreprises de *Coligni*;
2.º *Jean-Louis de Nogaret de la Valette*, duc d'*Epernon*, favori de *Henri III*, et l'un des hommes célèbres qui eurent le plus de part aux grands événemens des règnes de *Henri III*, *Henri IV* et *Louis XIII*.

10. *Jacques Fournier*, pape, sous le nom de *Benoît XII*, natif de Saverdun, dans l'ancien diocèse de Toulouse.

11. *Pierre Bunel*, l'un des premiers écrivains de son siècle, rendit à la langue latine sa première beauté, et sut si bien imiter le style de *Cicéron*, que les Italiens même avouèrent qu'il l'emportait sur eux. Il mourut à Turin en 1546, âgé de 47 ans.

12. *Arnaud* ou *Arnoul Duferrier*, l'un des plus savans jurisconsultes de son siècle, fut l'émule de *Cujas*. Après avoir professé avec éclat, il fut président au parlement de Paris, et maître des requêtes. Envoyé par le roi au concile de Trente, il y soutint avec fermeté les intérêts de la France. Le roi lui donna ensuite la charge d'ambassadeur à Venise, où il aida *Fra-Paolo* à recueillir des mémoires pour son histoire du concile de Trente. De retour en France, il se retira auprès du roi de Navarre, qui le nomma son garde-des-sceaux. Dans cette place il fit profession ouverte du calvinisme. Il mourut en 1585, âgé de 79 ans.

13. *Augier Ferrier*, seigneur de Castillon,

s'adonna à l'étude des mathématiques, de la jurisprudence et de la médecine, qui devint l'objet de ses principales recherches. Il fut médecin ordinaire de *Catherine de Médicis*, et cédant au goût de son siècle, il étudia l'astrologie judiciaire.

14. *Jean de Pins*, évêque de Rieux, abbé commandataire de l'abbaye de Moissac, conseiller-clerc au parlement de Toulouse, sénateur de Milan, ambassadeur à Venise, et enfin à Rome, était d'une des maisons les plus anciennes et les plus distinguées du Midi de la France. Elle a donné deux grands maîtres à l'ordre de Saint-Jean de Jérusalem, *Odon de Pins* en 1294, et *Roger de Pins* en 1355. En 1317, *Gerard de Pins* fut nommé vicaire général du même ordre par *Jean XXII*. Il remporta une victoire signalée sur *Orcan*, fils d'*Othoman*, en 1321.

Jean de Pins étudia successivement à Toulouse, à Poitiers, à Paris et dans l'Italie. Il eut pour précepteur à Bologne le fameux *Philippe Beroalde* l'ancien. Sous un si excellent maître, le jeune Toulousain apprit à parler et à écrire en latin avec un goût et une pureté qui ont été remarqués par *Erasme*. Son érudition était immense; il a mérité l'éloge qu'il fait de *Beroalde* son maître, qu'*il était lui seul une bibliothèque vivante*. Il se dévoua au service des autels, et revint dans sa patrie en 1497; mais le goût des lettres et des arts le rappela bientôt à Bologne. Il y fit imprimer ses ouvrages, parmi lesquels on distingue une préface pour les œuvres du poëte *Codrus*, et plusieurs pièces de vers latins. Il fit paraître en 1505 la vie de *Philippe Beroalde*, et en même temps la vie de *sainte Catherine* de Sienne. *Jean de Pins* suivit *François I.*er en Italie. Après la bataille de Marignan, il fut nommé membre du sénat de Milan, et quelque temps après ambassadeur à Venise. Il renouvela avec cette république le traité fait à Blois avec Louis XII. Pendant qu'il s'occupait avec succès des intérêts de son maître et de la France, il ne négligeait pas les belles-lettres ; et c'est alors qu'il mit la dernière main à un ouvrage intitulé, *Allobrogicæ narrationis libellus*, espèce de roman très-ingénieux. Ce fut dans le même temps qu'il composa la vie de *saint Roch*. Son traité sur la vie de la cour, *De vitâ aulicâ*, mériterait une analise détaillée. Il fut envoyé à Rome, comme ambassadeur, auprès du pape en 1520. *Léon X*, qui occupait alors le trône pontifical, conçut une véritable estime pour *Jean de Pins*; et en donna des marques signalées. L'ambassadeur rendit d'importans services. Il semblait lire, dit un auteur, dans tous les cabinets des princes de son temps ; il en perçait les mystères les plus secrets, et les dévoilait au roi et à son conseil. Il semblait pressentir le feu caché de cet incendie qui embrasa, après son départ, l'Italie et la France, et n'épargna pas même la personne du roi. Il ne tint pas à sa prévoyance, tandis qu'il eut en main la clef des affaires, qu'il n'en étouffât les moindres étincelles. A son retour en France en 1523, *Jean de Pins*, qui avait acheté quantité de manuscrits et de livres rares, forma la bibliothèque du roi à Fontainebleau. Il fut ensuite prendre possession de son siège épiscopal. Après avoir gouverné son diocèse avec sollicitude, ce vénérable pasteur, appelé à Toulouse pour quelques affaires particulières, y termina le cours d'une vie utile aux lettres, à la patrie et à la religion. Il cessa de vivre le 1.er Novembre 1537. Son buste a été placé, en 1673, dans la galerie des Illustres.

15. *Gui Dufaur de Pibrac*, magistrat et écrivain du seizième siècle, naquit à Toulouse, en 1529, d'une famille illustre dans la robe. *Pibrac*, nommé avocat-général au parlement de Paris, devint un modèle d'éloquence, et réforma, par son exemple, les abus que le mauvais goût avait introduits au barreau. *Pibrac* est bien connu par ses *quatrains* traduits dans toutes les langues, mais peu lus aujourd'hui. La matière de ces petites productions est la morale ; leur caractère, la simplicité et la gravité. Ses autres écrits sont des plaidoyers, des harangues, et une lettre latine sur le massacre de la Saint-Barthelemi.

Charles IX le choisit pour un de ses ambassadeurs au concile de Trente. Il soutint avec tant de chaleur et de zèle les intérêts de la couronne de France et les libertés de l'église gallicane, que *Catherine de Médicis*, régente du royaume, résolut de l'élever à la dignité de chancelier. Mais une ennemi secret et jaloux qu'il avait à la cour, dans le dessein de détourner la reine de son choix, lui dit qu'elle aurait un jour sujet de se repentir de l'élévation de ce magistrat, qui était dans des principes opposés au gouvernement qu'elle avait établi en France avec tant de soins et de peines. *Médicis* faisant difficulté de croire ce qu'on lui disait, on lui fit lire le 54.e quatrain :

Je hais ces mots de *puissance absolue*,
De *plein pouvoir*, de *propre mouvement*;
Aux saints décrets ils ont premièrement,
Puis à nos lois la puissance solue.

La reine ayant réfléchi sur ces vers, il ne fut plus parlé de *Pibrac*.

Henri III, frère de *Charles IX*, et alors duc d'Anjou, venait d'être appelé au trône de Pologne. *Pibrac* accompagna ce prince, et répondit pour lui aux harangues latines de ses sujets; mais le nouveau roi, instruit de la mort de son frère *Charles IX*, quitta secrètement la Pologne, et laissa à Cracovie *Pibrac* exposé à la colère des Polonais, qui furent sur le point de se venger de la fuite du roi sur la personne de son ministre. Il retourna néanmoins heureusement en France, d'où il ressortit chargé de négociations pour la Pologne, où il conclut une paix avantageuse. *Henri III* lui donna pour prix de ses services, une charge de président à mortier. La reine de Navarre et le duc d'Alençon le choisirent pour leur chancelier. Il mourut à Paris en 1584.

16. *Pierre Dufaur de Saint-Jory*, premier président du parlement de Toulouse, où il mourut d'apoplexie en prononçant un arrêt le 18 Mai 1600, était de la même famille que

le précédent. Ses commentaires sur le droit sont généralement connus. On estime beaucoup ses *Agonistiques* ou ses *Traités sur les jeux des anciens*, ce qui prouve combien il était familier avec les belles-lettres, et jusqu'à quel point il avait poussé ses savantes recherches. Il y a dans ses ouvrages une infinité de choses que les plus habiles peuvent apprendre et admirer. Il avait beaucoup de religion, et il s'exerçait volontiers à la poésie.

17. *Jean-Etienne Duranty*, après avoir étudié avec distinction dans l'université de Toulouse, y fut reçu avocat. La charge de capitoul fut la première dignité dont cette ville crut devoir l'honorer. Ce fut au mois de Novembre 1563 qu'il commença à remplir cette charge, qui ne durait qu'une année; mais ce temps étant expiré, l'élection des nouveaux capitouls fut renvoyée au mois de Mars suivant; de sorte que *Duranty* eut l'honneur de haranguer *Charles IX* au nom de la ville de Toulouse, lorsque ce monarque y fit son entrée. Cette action valut à *Duranty* la charge d'avocat-général au parlement. Député peu de temps ensuite à la cour, il fut fait prisonnier par les calvinistes. Le roi, en étant informé, envoya des ordres à tous les commandans et gouverneurs des lieux voisins de celui où *Duranty* était retenu, afin de tenter toutes sortes de voies pour lui procurer la liberté. Ce fut M. *de Lavalette* qui réussit dans cette négociation. Glorieux d'avoir obtenu l'estime de son maître, *Duranty* revint à Toulouse, et ce fut alors

qu'il fit peindre autour de sa chambre ces mots qu'on y lisait encore au commencement du 18.ᵉ siècle, et qui sont tirés des livres saints: *Craignez le Seigneur et respectez le Roi*, (*Deum timete et Regem honorificate*), à quoi, par un excès de zèle, il fit ajouter: *Jusqu'à la mort*.

Duranty fut bientôt après élevé à la charge de premier président du parlement, et il montra dans cette haute dignité que l'on peut être à la fois fidèle aux devoirs de la religion, aux lois de l'Etat et au monarque. Sa piété était exemplaire. Il fonda deux confréries, l'une appelée du Saint-Esprit, occupée du soin de marier tous les ans un certain nombre de filles orphelines; l'autre appelée de la Miséricorde, et qui subsiste encore, chargée du soulagement des malheureux qui, privés de tout secours, gémissent dans les prisons. Il fit venir d'Italie des religieux Capucins, qu'il nourrit dans sa maison jusqu'à ce qu'ayant fait agréer leur établissement à la ville de Toulouse, il leur eût procuré les moyens de construire un monastère considérable. Il s'employa, avec la même ferveur, pour attirer à Toulouse les chanoines réguliers de Saint-Anotine du T. Les religieux Feuillans trouvèrent aussi un asile dans sa maison. Il protégea les hôpitaux, maria à ses dépens un grand nombre de pauvres filles, et donna naissance aux sociétés de *Pénitens* qui ont subsisté dans Toulouse jusqu'à la révolution, et qui ont été rétablies pendant la restauration.

L'université lui dut l'avantage de reprendre son ancien lustre par le soin qu'il prit d'y attirer les plus célèbres professeurs répandus dans les autres villes du royaume. L'étude du droit ne mérita pas seule l'attention de *Duranty*. Il fit bâtir pour les jeunes gens qui voulaient se perfectionner dans les lettres, un magnifique collége connu sous le nom de l'*Esquile*, et dans lequel il fit venir des hommes célèbres pour y professer les humanités. C'est enfin *Duranty* qui fit donner dans Toulouse un établissement commode aux Jésuites.

Animé tour-à-tour de zèle pour la gloire de Dieu, pour le service du Roi et pour l'utilité publique, malgré les désordres des guerres civiles, il n'interrompit jamais ses devoirs ni ses études. Ce fut en effet dans ces fâcheuses conjonctures qu'il produisit deux ouvrages dignes de ses veilles.

Le premier, qui traite des décisions du droit, (*Stephani Durantii questiones ex utroque jure decisæ*), a été depuis enrichi de notes par *Ferrière*. Le second est relatif aux usages et aux cérémonies de l'église, (*Stephani Durantii de Ritibus ecclesiæ catholicæ.*) Cet ouvrage mérita d'être imprimé à Rome aux dépens de la chambre apostolique, privilége que les papes n'accordaient qu'à ceux qu'ils regardaient indispensablement nécessaires pour la défense de l'église.

On assure que la haine que lui avait vouée *Jean de Paulo*, président au parlement, ainsi qu'*Urbain de Saint-Gelais de Lansac*, évêque de Comminges, fut la première cause de la catastrophe qui termina les jours de *Duranty*. Nous n'entrerons pas dans des détails à ce sujet. On peut d'ailleurs consulter *Lafaille* dans ses Annales de Toulouse, les *Mémoires sur divers genres de littérature*, Mars 1722, *de Thou, Mezerai, etc. etc.* Selon les deux derniers, *Paulo* ambitionnait la charge de premier président, et ce fut la plus forte cause de son inimitié. Cette haine fut d'ailleurs fortifiée par d'autres motifs puissans.

La plus grande partie des Toulousains venait d'embrasser le parti de la ligue. *Duranty*, toujours ferme dans ses devoirs, également fidèle à la religion et à son roi, faisait tête partout, et s'opposait ouvertement aux injustes efforts de la multitude. On profita habilement de ces motifs pour le discréditer dans l'esprit d'un peuple séditieux et fanatique. On répandit le bruit qu'il entretenait une secrète correspondance avec le roi et avec les ministres : on abusa enfin tellement la foule, que l'on parvint à lui faire croire que *Duranty* voulait protéger les religionnaires. La ville de Toulouse, en proie aux factieux, gouvernée par des rebelles à l'autorité légitime, ne pouvait plus obéir au grand magistrat qui avait voulu y conserver la paix et l'empire des lois. Forcé de combattre à chaque instant les projets des ligueurs, *Duranty* était devenu l'objet de leur haine et de leur ressentiment. Un jour il eut cependant la complaisance d'indiquer, selon leur demande, une assemblée du parlement, et cette convocation décida du sort de ce grand homme. En vain ses amis effrayés lui représentèrent le danger auquel il allait s'exposer en se présentant à la multitude : rien n'était capable d'ébranler le courage de cet homme de bien, lorsqu'il s'agissait du service du roi et de la patrie. Il se rendit donc à cette assemblée, où l'on agita la question de savoir si l'on s'affranchirait en entier de l'obéissance de *Henri III*. Le peuple assiégeait le palais; les ligueurs allaient triompher. La voix de *Duranty* ne peut plus se faire entendre : il veut se retirer. La populace armée porte sur lui un grand nombre de coups; mais par son courage et celui de ses domestiques, il échappa à ce péril. Poursuivi cependant par les factieux, il est forcé d'entrer dans l'hôtel-de-ville. Les Capitouls le reçoivent avec froideur; ses amis et le parlement lui conseillent de se sauver; mais il croirait manquer à son devoir en abandonnant le poste qui lui est confié. Les rebelles profitèrent de son obstination; ils l'arrachèrent en quelque sorte aux Capitouls, et les évêques de Castres et de Comminges le conduisirent à pied dans le couvent des Jacobins, et le remirent sous la garde des soldats commandés par deux chefs dévoués aux factieux. On le resserra étroitement, et on ne lui laissa d'autre consolation que celle de partager sa douleur avec son épouse, qui eut la permission de s'enfermer avec lui.

On intercepta peu de jours après des lettres que l'avocat-général *Daffis* écrivait au premier président du parlement de Bordeaux, et au maréchal *de Matignon*, et dans lesquelles il leur mandait qu'avec peu de troupes on réduirait aisément les rebelles. Il ajoutait qu'il avait donné le même avis au roi. Ces lettres excitèrent de nouveaux troubles. On fit croire au peuple que *Duranty* était de concert avec *Daffis*, et qu'enfin les troupes royales s'avançaient contre la ville. 1500 des plus mutins et des plus misérables s'étant assemblés sur la place de Saint-Georges, courent armés vers le couvent des Jacobins; ils mettent le feu à la porte, et demandent à grands cris *Duranty*. Un des chefs des soldats qui le gardaient entre dans sa chambre, et lui dit que le peuple veut lui parler.

A ces mots, ce grand magistrat sent que son heure est venue; il revêt la pourpre sénatoriale, fait les plus touchans adieux à son épouse, et se présente aux factieux. Il commençait à haranguer cette multitude, et peut-être son éloquence allait désarmer ses bourreaux, lorsqu'un scélérat, aposté peut-être par les ennemis de ce grand homme, lui tira un coup d'arquebuse, et le renversa. Alors la populace se saisit du cadavre, le traîne avec ignominie dans les rues, et l'attache enfin à un gibet sur la place de Saint-Georges, mettant à côté de lui le portrait de *Henri III*. Pendant la nuit le corps de *Duranty* fut enterré secrètement dans l'église des Cordeliers; et lorsqu'un siècle après on le transporta dans le lieu le plus distingué de cet édifice, il fut trouvé entier et enveloppé dans le portrait du roi. On plaça cette inscription sur son mausolée, qui a été détruit : *Joannes-Stephanus Durantius hìc situs est. Tolosæ natus, senatorio ordine, fisci patronus, postremò amplissimi ordinis princeps fuit. In eo gradu stetit dùm res stetit gallica, cecidit cadente regno. Illius casum luxerunt omnes boni, et civitas facta parlò tranquillior honorem habuit mortuo quem potuit è maximum. Vixit annos LV, obiit anno M. D. LXXXIX, VII idûs februarii* (1).

18. *Jacques Cujas* naquit en 1520. Il eut pour père un simple foulon qui, remarquant dans son fils du goût pour les livres, et une grande envie d'apprendre, lui permit de suivre les exercices d'un collége. Sans autre secours que les leçons de ses professeurs, et livré d'ailleurs à lui-même, il se rendit singulièrement habile dans les langues grecque et latine, et fit de très-grands progrès dans les belles-lettres. Déjà fort supérieur à ses maîtres d'humanités, il se jeta, très-jeune encore, dans l'étude du droit romain et moderne, civil et canonique. Un travail opiniâtre, dit un auteur, une sagacité merveilleuse lui faisaient deviner à chaque instant ce qui avait échappé, pendant une longue suite de siècles, aux méditations des plus doctes interprètes des lois romaines. La manière neuve dont il envisagea la science du droit, le jour qu'il sut y répandre, les découvertes importantes auxquelles le conduisaient des inductions également ingénieuses et évidentes, portèrent bientôt son nom jus-

---

(1) M. le baron de Lamothe-Langon a composé un roman intitulé *Duranty*, ainsi qu'une tragédie sous le même titre ; elle n'a pas été représentée.

qu'aux extrémités de la France et de l'Europe. Il enseigna quelque temps dans Toulouse ; mais il n'y eut point de chaire publique; il fut ensuite professer à Cahors. Appelé à Bourges, il y donna quelque temps des leçons. Des propositions avantageuses qui lui furent faites par *Bertrand de Simiane*, lieutenant au gouvernement du Dauphiné, l'attirèrent à Valence, où ses talens brillèrent d'un si vif éclat, que le roi lui permit de prendre séance avec les conseillers du parlement de Grenoble. En lui accordant le privilége de paraître sur les fleurs de lis au rang des ministres de la justice, ce prince, ajoute l'auteur que nous avons déjà cité, crut y faire asseoir le génie même des lois que notre jurisconsulte interprétait avec tant de profondeur et de sagesse. *Cujas* sentit tout le prix d'une si haute distinction, mais il eut la modestie de n'en jamais user. Tant d'honneurs ne purent le fixer dans cette province. Les villes et les souverains se disputaient un professeur d'un si rare mérite. *Emmanuel Philibert*, duc de Savoie, agit auprès de la cour de France pour qu'il fût permis à ce savant de venir s'établir en Piémont, où les plus grands avantages lui étaient offerts. Le roi consentit à ce qu'il les acceptât, et Turin se remplit d'étudians qui, des pays situés en-deçà et au-delà des monts, venaient puiser à l'école d'un maître si justement fameux, des connaissances capables de les faire ensuite admirer eux-mêmes dans leur patrie.

Le pape *Grégoire XIII*, par une suite de son affection pour la ville de Bologne où il avait reçu le jour, s'efforça d'y attirer *Cujas* ; mais notre jurisconsulte, déjà avancé en âge, sentait le besoin de revoir la France. Maître de choisir entre les cités les plus considérables de ce royaume qui lui faisaient à l'envi des offres brillantes, il préféra la ville de Bourges, comme pour y placer la meilleure source de l'instruction judiciaire au centre même de la monarchie. L'affluence des élèves fut extrême. On rapporte à ce sujet que l'espagnol *Maldonat*, le plus célèbre théologien de son temps, ce Jésuite dont les édifices les plus spacieux ne pouvaient contenir l'auditoire, et qui fut souvent obligé d'enseigner en plein air, se trouvant à Bourges, se présenta chez *Cujas* avec quantité de jeunes gens qui l'accompagnaient par honneur. Notre jurisconsulte lui rendit sa visite à la tête de huit cents étudians. Son attachement pour eux, l'affection avec laquelle il leur faisait part de ses lumières, et même les aidait de ses propres biens, le firent regarder moins comme leur professeur que comme leur père.

Ce jurisconsulte professait extérieurement la religion catholique, et évitait de s'expliquer sur ses sentimens intérieurs. Lorsqu'on lui demandait ce qu'il pensait des matières théologiques qui s'agitaient de son temps, il répondait toujours : *Nihil hoc ad edictum prætoris* : « Cela n'a aucun rapport à l'édit du préteur. » *Cujas* fut marié deux fois, et eut de son second mariage une fille assez jolie, mais très-coquette, et qui écoutait volontiers les propos galans. Les écoliers quittaient souvent les leçons du père, pour se rendre auprès de la fille. Ils appelaient cela *commenter les œuvres de Cujas.*

Cet homme illustre mourut à Bourges le 4 Octobre 1590, âgé de 70 ans. Voici le sens de l'inscription placée sous son buste : « *A Jacques Cujas. Son nom renferme à lui seul plus d'éloges que tous les discours. Jamais il n'essuya de refus de la part de l'université de Toulouse. C'est ce que je prétends faire connaître (quod monitos jubeo) à ceux qui ont pu adopter cette calomnie de* Papire Masson, *répétée depuis par d'autres. Que l'univers apprenne que notre ville a toujours favorisé les gens de savoir et de vertu.* » On voit qu'il n'y aurait ici qu'une assertion qui laisserait dans toute sa force le fait avancé par *Papire Masson*, si M. l'abbé d'*Héliot* et M. *Jamme* n'avaient cherché à prouver le contraire ; mais depuis peu de temps M. *Berriat-Saint-Prix* a donné une lettre de *Cujas* qui constate le refus éprouvé par ce grand homme. La lettre originale existe ; ainsi l'université de Toulouse a repoussé *Cujas*, et l'on voit pourquoi, pendant le cours d'une longue vie, *Cujas* n'est pas rentré dans sa ville natale.

La rue dans laquelle ce grand homme naquit, porte le nom de *Cujas*. On avait proposé de mettre ce distique au-dessus de la porte de sa maison, qui subsistait encore il y a environ quarante ans.

Nascitur hìc Cujas, aliis moriturus in oris,
Cujas, urbis honos semper amorque suæ.

19. *Philippe de Bertier*, président au par-

lement de Toulouse, donna un nouveau lustre à sa naissance par son intégrité et sa profonde érudition. Il a composé un ouvrage très-estimé des savans, sur les *Diatribes*, et un poëme latin sur les saints dont les reliques sont conservées dans l'église de *Saint-Saturnin*. Il y a eu plusieurs hommes célèbres dans cette famille, entre autres, *Jean de Bertier*, premier président du parlement, mort en 1652.

20. *Guillaume de Maran* étudia le droit sous *Cujas*, et professa ensuite pendant quarante ans dans Toulouse. Il a laissé plusieurs ouvrages estimés.

21. *Guillaume de Fieubet*, d'abord avocat-général et président à mortier au parlement de Toulouse, puis premier président du parlement d'Aix, mort en 1628, fut également recommandable par le plus profond savoir et par tous les dons de l'esprit. Son fils est connu par plusieurs petites pièces de vers latins et français qui annoncent un vrai talent poétique.

22. *Guillaume de Catel*, conseiller au parlement de Toulouse. On lui doit l'*Histoire des comtes de Toulouse*, et des *Mémoires historiques sur le Languedoc*. Il naquit dans la rue Baraignon en 1569. Il ne se borna point, comme le faisaient la plupart des écrivains de son temps, à recueillir, sans discussion et sans choix, une multitude de faits souvent incertains, et quelquefois absurdes. Il se montra toujours éclairé du flambeau de la critique. L'habitude de douter le rendit même parfois trop difficile en matière de preuves. Nous en avons un exemple dans son incrédulité sur

ce qui regarde *Clémence Isaure*. Cet auteur mourut en 1626, âgé de 57 ans. Son mausolée a été placé dans le cloître du Musée.

« *Profond et fidèle historien, il fut le premier qui purgea les annales des comtes de Toulouse et celles du Languedoc, des fables et des inepties qui les défiguraient ; il y fit régner la vérité. Il montra dans l'exercice de ses fonctions sénatoriales, les talens et la probité héréditaires dans sa famille, et ce fut sur son rapport et ses conclusions, adoptées unanimement par les juges, que le fameux athée* Vanini *fut condamné à périr dans les flammes, circonstance qui suffirait pour faire respecter la mémoire de cet illustre conseiller.* »

Sous ce dernier rapport, nous ne sommes pas tout-à-fait de l'avis de l'inscription. Le zèle de *Catel* contre le malheureux *Vanini* fut beaucoup trop ardent. S'il avait vécu de nos jours, il aurait sans doute agi et pensé différemment. Il faut plaindre les athées, mais les brûler est un peu fort.

23. *Antoine de Paulo*, quarante-cinquième grand-maître de l'ordre de Malte. Son courage et ses talens l'élevèrent à cette haute dignité le 10 Mars 1623.

24. *Antoine Tolosani*, réformateur en général de l'ordre de Saint-Antoine de Vienne, né en 1555 d'une maison illustre originaire de Savoie, fut un des plus grands prédicateurs de son temps, et le fléau des calvinistes.

25. *François Maynard*, poëte français, l'un des quarante de l'académie, mort dans sa pro-

vince, en 1646, à 64 ans, avec le titre de conseiller d'état que le roi venait de lui donner. Il avait été conseiller au parlement de Toulouse, et chef du présidial d'Aurillac. *Maynard* fut l'élève de *Malherbe*, qui disait de son disciple, qu'il tournait bien un vers, mais que son style manquait de force. Ce poëte est le premier sur le Parnasse français qui ait établi pour règle de faire une pause au troisième vers dans les stances de six, et une au septième dans celles de dix, outre celle qui s'observe au quatrième. *Maynard* réussissait surtout dans l'épigramme, et ce talent lui suscita de nombreux ennemis.

26. *Nicolas Bachelier* naquit à Toulouse vers l'an 1485, d'une famille originaire de Lucques. Il étudia d'abord à Toulouse sous des artistes médiocres. Il partit ensuite pour l'Italie, fut admis au nombre des élèves de *Michel-Ange*, et devint en peu d'années sculpteur distingué et architecte habile. A son retour dans sa patrie vers l'an 1510, il opéra une révolution complète dans les arts dépendans du dessin. On ne construisit plus, dit l'auteur de la notice du Musée, on ne construisit plus d'édifices dans le genre arabe, nommé si improprement *gothique*, et qui était suivi dans cette ville depuis le commencement du 15.e siècle. Parmi les monumens qu'il fit élever, et dans lesquels il prodigua toutes les richesses de l'architecture italienne, on distinguait surtout l'hôtel de Saint-Jory, qui ne subsiste plus. *Bachelier* vivait encore en 1566.

27. *Pierre Godolin* sut rendre intéressante

une langue qui, dégénérée depuis l'extinction des troubadours, semblait condamnée à ne plus être employée que par le peuple. La lyre occitanique rendit sous ses doigts des sons aussi gracieux que celle de *Sapho*; et lorsqu'il emboucha la trompette pour célébrer *Henri IV*, on crut entendre le chantre d'Achille.

Godolin remporta le prix de la violette aux Jeux-Floraux. Le prince de *Condé* l'honora de sa protection. Le duc de *Montmorency*, dont la fin tragique excite encore des regrets, aima ce poëte ingénieux et facile. Né avec de la fortune, il ne songea pas aux moyens de l'augmenter, ni même de la conserver. « J'ai appris par tradition, dit M. *Sermet*, qu'il était né dans la rue Pargaminières, dans une maison contiguë au coin de la rue de Notre-Dame du Sac. En fouillant dans les archives des Grands-Carmes, j'ai trouvé qu'il était avocat, fils de *Raymond Godolin*, chirurgien, et d'*Anne de Landes*, et l'aîné de deux frères, dont l'un s'appelait *Jean-Jacques*, et dont l'autre était noble *Antoine*, écuyer, capitaine pour le roi en Boulonais. »

M. *Raynal* nous apprend que les Capitouls, pour adoucir le poids de sa misère, lui assignèrent dans sa vieillesse une pension viagère de trois cents livres sur les deniers publics. « Je dois ajouter ici, continue M. *Sermet*, que le chapitre de Saint-Etienne imita leur générosité à son égard. On voit en effet dans leurs registres que j'ai parcourus en entier, que le 26 Avril 1646 ; c'est-à-dire, trois ans avant sa mort, *ils accordent une aumône de trente-*

six écus à M. Godolin, homme de mérite, de condition, et fort vieux. Les années et le besoin ne portèrent pas sur son caractère; il conserva toujours sa gaîté, s'il faut en juger par l'épitaphe qu'il composa pour lui-même, et que l'on n'a pas insérée dans ses œuvres.

Ayci l'an trigoussat lé pauré *Goudouli*,
Parço que le bougras bouillo pas y béni.

Il mourut âgé de 70 ans, le 16 Septembre 1649. Il fut enterré dans le cloître des Carmes, auprès du pilier le plus voisin de la chapelle de Notre-Dame d'Espérance. »

Les œuvres de *Godolin* ont été traduites en espagnol et en italien. Le célèbre *P. Vanière* a imité en vers latins plusieurs pièces de ce grand poëte, et l'académie des Jeux-Floraux lui a fait élever un monument en marbre dans l'église de la Daurade.

28. *Pierre Cazeneuve*, prébendé de l'église Saint-Etienne, de Toulouse, auteur des *Étymologies françaises*, imprimées à la suite du dictionnaire de *Ménage*; du *Franc-Allen de la province du Languedoc, de la Catalogne française*, etc. etc. Ce savant distingué avait commencé à se faire connaître par un roman intitulé la *Caritée* ou la *Cyprienne amoureuse*. On a encore de lui, outre ceux que nous avons cités, plusieurs opuscules intéressans, parmi lesquels il faut distinguer son *Traité des Jeux-Floraux*.

29. *Pierre de Fermat*, conseiller au parlement de Toulouse. Son nom suffit à son éloge. Le buste de ce célèbre mathématicien n'a été

placé que depuis peu d'années dans la galerie consacrée à ses illustres compatriotes. On ignore les motifs qui avaient empêché de rendre cet hommage à sa mémoire. L'académie des sciences de Toulouse répara cet oubli, et proposa son éloge pour sujet de prix. La ville lui a érigé, sous l'administration de M. le baron de Bellegarde, en 1807, un monument qui a été décoré d'une inscription latine. Ses découvertes sur les nombres sont bien connues, et lui assurent une renommée qui ne mourra jamais.

30. *Emmanuel Maignan*, religieux Minime, mathématicien illustre, auteur de plusieurs ouvrages estimés. Il cultiva l'astronomie et la physique avec succès, et fit des découvertes importantes.

31. *Antoine Rivalz*, né à Toulouse en 1665, était fils de *Jean-Pierre Rivalz*, peintre et architecte, ingénieur en chef de la province. Après avoir appris les principes de son art dans la maison paternelle, *Antoine Rivalz* fut à Rome, où il se distingua par ses travaux. Il y remporta le prix de dessin; et son ouvrage, qui représentait Jupiter foudroyant les Titans, lui valut encore un prix de poésie, à cause de la manière ingénieuse dont il était composé. Si *Rivalz* était resté à Rome, il aurait été extrêmement occupé. La fécondité de son imagination et la correction de son dessin lui avaient déjà valu d'illustres suffrages; mais le désir de revoir sa patrie et son père, le ramena à Toulouse. Il s'y fixa pour toujours, et devint peintre de l'Hôtel-de-Ville. Cet habile

artiste s'est plu à rappeler les événemens les plus remarquables de l'histoire de Toulouse. Ses tableaux, représentant *Sosthène*, roi de Macédoine, fait prisonnier par les Tectosages; la fondation d'Ancyre par ses anciens Toulousains, *Littorius* vaincu par *Théodoric*, *Raymond de Saint-Gilles* recevant du pape *Urbain* le signe de la croisade, *Henri II*, roi d'Angleterre, et *Maclouin*, roi d'Écosse, vaincus par le comte *Raymond V*; *Urbain II* consacrant l'église de *Saint-Saturnin*; *Saint-Jean de Campistron*, et plusieurs autres ouvrages conservés dans le Musée de Toulouse, assurent à son nom une juste célébrité. On lui doit en grande partie l'établissement de l'académie des Beaux-Arts. Sa vie entière leur fut consacrée. Il mourut en 1735. Sa patrie reconnaissante le compte au nombre des hommes qui l'ont illustrée. Son buste est placé dans le Capitole et dans le Musée, et la rue où est située la maison où il naquit, et où il a fini sa carrière, porte maintenant le nom de *Rivalz*.

32. *Germain de Lafaille*, auteur des Annales de Toulouse, en 2 volumes in-fol., ancien Capitoul, syndic de la ville et secrétaire des Jeux-Floraux. Cet écrivain, élégant et correct, a le premier fait connaître l'histoire de cette ville, qui avant avait été chargée de fables ridicules par *Ganno*, *Bertrand* et *Noguier*. Il nous reste de lui en ce genre un éloge de *Clémence Isaure*. C'est lui qui a conçu le projet de la formation d'une galerie des illustres toulousains, et en qualité de syndic de la ville, il la fait exécuter. On lui doit la plus

grande partie des inscriptions qui sont placées sous les bustes.

33. *Jean Gualbert de Campistron*, marquis de Penango, membre de l'académie française et de celle des Jeux-Floraux, naquit à Toulouse, en 1656, d'une ancienne famille. Le duc de *Vendôme* contribua à la fortune de cet auteur, et le célèbre acteur *Baron* à sa réputation. La plupart de ses pièces furent applaudies à la représentation. Elles sont estimables par l'intelligence des plans, l'art du dialogue, par des caractères bien soutenus, et par le pathétique de quelques scènes. Sa diction est pure, mais décousue, surchargée d'épithètes. Il avouait volontiers les défauts de ses pièces, aveu assez rare dans un poëte souvent applaudi, pour être remarqué. Le père *Niceron* assure qu'il s'est fait pendant la vie de l'auteur plus de huit éditions de ses ouvrages à Paris.

Le duc de *Vendôme* avait en 1686 prié *Racine* de se charger d'un drame qu'il voulait insérer dans la fête qu'il faisait préparer à Anet pour M. le dauphin ; mais *Racine* s'en étant excusé, lui offrit *Campistron* comme l'homme le plus capable de remplir ses intentions. Le succès répondit aux espérances que *Racine* avait fait concevoir ; et l'opéra d'*Acis* et *Galathée*, que *Campistron* composa pour cette fête, en fut le principal ornement. *Lulli* en avait fait la musique. Le prince fut extrêmement satisfait de la pièce, et surtout de la générosité du poëte, qui refusa une somme considérable qui lui fut offerte. Il l'attacha à sa personne, et lui procura peu de temps après la charge de secrétaire général des galères. *Campistron* fit paraître dans cet emploi un désintéressement bien digne d'un élève des muses.

Campistron avait tout ce qu'il fallait pour remplir les devoirs des différentes places que lui donna M. de *Vendôme*. Sa négligence à répondre aux lettres qu'on lui écrivait, est la seule chose qu'on eût pu lui reprocher; et *Palaprat*, autre poëte toulousain bien connu, nous apprend que *Campistron* avait là dessus une réputation si bien établie, qu'un jour qu'il brûlait un tas de lettres, M. de *Vendôme*, qui lui voyait faire cette expédition avec un soin infini, dit à ceux qui se trouvèrent présens : *Le voilà tout occupé à faire ses réponses*.

Campistron mourut à Toulouse en 1723.

34. M. de *Bastard*, mort doyen du parlement de Toulouse, profond jurisconsulte et grand magistrat, doué d'un beau caractère et d'une âme élevée. Il a mérité le titre d'homme illustre que la patrie lui a décerné.

35. *Riquet* (Paul), auteur du canal des Deux-Mers. Le nom de cet homme célèbre suffit à son éloge.

36. *Deville* (Antoine), ingénieur, maréchal-de-camp, chevalier des ordres de Saint-Maurice et de Saint-Lazare, naquit à Toulouse en 1596. Appartenant à une famille militaire, il fut de bonne heure élevé pour le métier des armes. Il commença à se faire connaître au siège de Montauban, si mal dirigé; mais les fautes dont

il fut le témoin ne furent point perdues pour lui, et appelèrent ses profondes réflexions. Se livrant avec ardeur à l'étude des sciences, appliquant leur spéculation à la théorie de l'attaque et de la défense des places, *Deville* créait un système nouveau, et le publiait dans des ouvrages qui lui obtinrent une grande réputation. Le duc de Savoie l'appela à son service, et *Deville*, saisissant l'occasion de développer son système, en fit de nombreuses applications, en fortifiant plusieurs places importantes. Le duc, pour récompenser son mérite, le combla d'honneurs, et le nomma chevalier des ordres de Saint-Maurice et de Saint-Lazare.

On s'étonnera moins des distinctions qui furent accordées à *Deville*, et de la réputation rapide que lui obtinrent ses travaux, si l'on considère que c'est à lui seul qu'il devait son mérite, et que c'est dans la force de son esprit, dans ses profondes méditations, qu'il découvrait les secrets d'un art encore dans l'enfance. Alors n'existaient pas ces corps savans qui, depuis, ont ajouté à l'illustration de notre patrie; alors n'existait pas cette école célèbre qui a donné à la France tant de guerriers habiles, tant de savans distingués : un amour ardent de l'étude, une pénétrante activité de conceptions pouvaient seuls triompher des obstacles que devaient nécessairement présenter la création d'un bon système d'attaque et de défense.

Errard, de Bar-le-le-Duc, et le duc *Châtillon*, sous *Henri IV*, obtinrent une réputation méritée par les perfectionnemens qu'ils portèrent dans les grands ouvrages qui leur furent confiés. *Errard* fut le premier qui écrivit sur les fortifications ; mais les idées confuses sur le développement et la direction des lignes de défense, ses principes généralement peu précis étaient loin d'offrir des résultats faciles et certains.

Deville médita sur les vices des divers modes employés avant lui ; il appuya les améliorations qu'il voulait introduire sur les connaissances géométriques et sur l'expérience qu'il avait acquise à la guerre ; il perfectionna le relief et le tracé des plans, réunit ses travaux en un corps de doctrine qui reçut le nom de système français.

Il dirigea le siége de Corbie, tombé au pouvoir des Espagnols, et s'y montra aussi habile qu'intrépide en guidant les attaques. Bientôt il rendit Corbie à la France, et d'une main victorieuse il écrivit l'histoire de ce siége dans la langue de César.

Landrecies et Esdin ajoutèrent de nouveaux triomphes à ses talens et à sa valeur ; c'est devant Esdin que, profitant des indications de *Mattus*, pour la première fois il lance d'énormes bombes cylindriques qui détruisent les édifices, et portent la terreur parmi les habitans et la garnison. Les relations de ce siége sont regardées comme de précieux monumens de l'état et des progrès de l'art. Ce fut alors que *Deville* publia son *Traité des Fortifications*, et son ouvrage de la *Charge des Gouvernemens* : il y développe ses théories et les nombreuses applications qu'il en avait faites. Avec un talent formé par l'expérience, il expose tout ce que l'art a de relations avec les divers services militaires, toutes les ressources qu'il offre au courage, tous les devoirs qu'il impose à ceux à qui est confié l'honneur de défendre leur pays.

Les services et les talens du chevalier *Deville* lui valurent le grade de maréchal-de-camp, distinction d'autant plus honorable, qu'avant lui elle n'avait jamais été accordée aux ingénieurs qui ne formaient pas alors un corps militaire, et dont le mérite n'était pas encore dignement apprécié.

Cet homme célèbre joignait aux connaissances spéciales de sa profession, une érudition vaste, un amour éclairé des lettres et des arts qu'il cultiva lui-même avec succès. D'un burin habile, il gravait les planches qui ornent ses ouvrages. Il publia, sur les monumens d'Italie, des écrits justement estimés, et qui sont consignés dans les antiquités italiennes de Burman.

Un long intervalle sépare l'existence du chevalier *Deville* de l'hommage que sa patrie lui a décerné; mais cet hommage tardif, consacré par le temps et réclamé par la voix impartiale de la postérité, n'est que plus glorieux.

L'inauguration de son buste à la salle des Illustres, ne date que du 20 Juillet 1827

Il est dû aux talens distingués de M. Griffoul-Dorval, artiste de cette ville.

Salle de Clémence Isaure.

Cette salle est le lieu où l'académie des Jeux-Floraux tient ses séances; elle est située à l'extrémité de celle des Illustres; une porte grillée, placée à la droite du buste du Roi, y donne entrée.

La statue en marbre de *Clémence Isaure*, placée autrefois sur son tombeau dans l'église de la Daurade, a été mise dans cette salle, où elle semble présider : on lit au-dessous, gravée sur une table d'airain, une copie de l'inscription qui décorait autrefois son sépulcre ; nous en donnons ici la traduction.

« *Clémence Isaure*, fille de *Louis Isaure*, de l'illustre famille des *Isaures*, s'étant vouée au célibat, comme l'état le plus parfait, et ayant vécu cinquante ans vierge, établit, pour l'usage public de sa patrie, les marchés au blé, au poisson, au vin et aux herbes, et les légua aux Capitouls et aux citoyens de Toulouse, à condition qu'ils célébreraient chaque année les Jeux-Floraux dans la maison publique qu'elle avait fait bâtir à ses dépens ; qu'ils y donneraient un festin, et qu'ils porteraient des roses sur son tombeau ; que s'ils négligeaient d'exécuter sa volonté, le fisc s'emparerait, sous les mêmes charges, sans autre forme de procès, des biens légués. Elle a voulu qu'on lui érigeât en ce lieu un tombeau où elle repose en paix. Elle a fait cette institution de son vivant. »

On remarque encore dans la salle de l'académie, le buste en marbre blanc d'*André*

Bernard, religieux Augustin, né à Toulouse, et couronné poëte lauréat par *Henri VII*, roi d'Angleterre; ceux de mesdames de *Montégut* et d'*Esparbès*, *maîtresses des Jeux-Floraux*, et le portrait du poëte *Godolin*, par *Nicolas de Troy*, peintre de la ville.

L'académie des Jeux-Floraux est la plus ancienne de l'Europe. Ses registres, qui contiennent son histoire, à partir de 1323, prouvent qu'alors ce corps littéraire subsistait depuis long-temps. Il était composé de sept troubadours qui prenaient le titre de *Mantenadors del Gay-Saber*, ou *Mainteneurs du Gai Savoir*. Ils nommèrent *Gaie-Science* l'art de faire des vers; et leur société fut connue sous le nom de *Gai-Consistoire*. Ils s'assemblaient dans un verger qui leur appartenait, et ils y distribuaient des prix aux poëtes dans un temps où l'on ne s'occupait guère de pareils soins dans le reste de l'Europe.

Le *verger* et le *palais* des troubadours ayant été détruit par suite d'une invasion des Anglais dans le Languedoc, la ville s'empressa de recevoir les mainteneurs dans la maison commune, où ils continuèrent à s'assembler. Les Capitouls, voulant partager la gloire de cette ancienne institution, cherchèrent à en augmenter l'état, et ordonnèrent de prendre sur les fonds de la ville les sommes nécessaires aux frais de la fête du 3 Mai, et aux prix, qui consistaient en une violette d'or, une églantine et d'autres qu'ils y joignirent.

Ce fut vers la fin du 15.e siècle que *Clémence Isaure* (*Dona Clémensa Isaure*) devint la bienfaitrice de cette antique académie. Elle distribua même de sa main de nouveaux prix (1).

En sortant du Capitole, l'étranger doit aller voir la *Salle du Spectacle*, qui, bien que située dans le même bâtiment, ne communique pas avec lui. Cette salle est vaste et belle. On pourra examiner ensuite, en passant, les nouvelles prisons établies dans le ci-devant couvent des *religieuses* ou *dames de Saint-Saturnin*. On a su, en appropriant ce local à sa nouvelle destination, unir aux précautions de sûreté qu'exige la justice, tous les adoucissemens, tous les égards auxquels l'humanité a droit de prétendre.

La rue *Lafayette*, qui, de la place du Capitole, conduit à celle de Lafayette, mérite d'être vue. Cette place circulaire, environnée de bâtimens uniformes, est très-belle. Dans le jardin *Dutemps*, situé sur cette place, sont établis des bains de santé fort agréables et bien servis : là aussi est l'*hôtel de l'Europe*. Du milieu de cette place, et vers l'est, on voit une fort belle promenade, composée de trois allées parallèles, ornée de jeunes ormeaux d'une belle venue; ces allées conduisent au bord du

---

(1) Un manuscrit, découvert par M. Du Mège, membre de l'académie des Sciences, Inscriptions et Belles-Lettres, prouve ce fait. Ce manuscrit contient plusieurs pièces de vers, qui furent lus ou dictés, selon l'expression du temps, devant *Clémence Isaure*, et obtinrent des prix.

Canal. De l'autre côté du Canal se construit un très-vaste édifice qui est destiné à l'école vétérinaire bovine, établie à Toulouse depuis environ quatre ans. Une foule de cafés environnent la place du Capitole. On en trouve beaucoup d'autres dans la rue *Lafayette* et sur la place de ce nom. Celui des *Folies Du Temps* est remarquable par le bon goût de sa décoration.

En allant vers la place *Lafayette*, on passe devant l'hôtel de *l'académie des Sciences, Inscriptions et Belles-Lettres*.

ÉGLISES.

Toulouse était une des villes de France qui possédait le plus d'églises : on en comptait près de soixante avant la révolution ; mais la suppression des ordres monastiques et le vandalisme de la terreur amenèrent l'abandon ou la démolition de la plupart d'entre elles. Nous indiquerons, avant de passer à la description des treize églises consacrées au culte, les principaux couvens qui subsistent encore. Ils sont presque tous méconnaissables par leurs destinations actuelles. Ainsi l'église et le couvent des *Jacobins* servent de caserne à l'artillerie ; l'église des *Cordeliers* est un magasin de fourrages ; celle des *Chartreux* et son vaste enclos ont été transformés en arsenal superbe, et le voyageur voit forger des instrumens de guerre, là où on n'implorait qu'un Dieu de paix et de miséricorde. L'église des Théatins est devenue la boulangerie militaire ; celle des Augustins s'appelle le Musée, etc. etc.

ÉGLISE SAINT-ÉTIENNE.

Notice.

L'irrégularité de sa forme est bien digne de fixer l'attention, par la différence des genres empreints sur les diverses parties de sa construction. Sans le secours des chroniques, l'œil exercé de l'antiquaire peut assigner sa date à chacun des assemblages de cet édifice. On sent que les générations se sont succédées dans son enceinte, et que chacune d'elles lui a payé son tribut d'une manière particulière et caractéristique. Nous y retrouvons la chaîne mystérieuse des temps, les mœurs et les croyances de nos pères ; enfin leurs progrès successifs dans les arts.

Fondation de l'Eglise.

Ainsi qu'à la plupart des monumens anciens, on s'est plu à donner à l'église de Saint-Etienne l'origine la plus reculée. D'anciennes traditions font remonter sa fondation à saint Martial, évêque de Limoges, qui vint dans les Gaules envoyé par les apôtres quinze ans après Jésus-Christ. Catel rapporte cette opinion, et dit qu'elle avait été puisée dans un manuscrit renfermant les anciens mémoires de l'église, qui étaient attachés au chœur avec une chaîne de fer, et qui fut brûlée lors de l'incendie qui consuma cette partie de l'église. On y lisait que saint Marc prêcha à Toulouse avec le plus grand succès, qu'il y fit des miracles éclatans, et qu'il y fit construire une petite église, sous l'invocation de saint Etienne, au même endroit où elle existe aujourd'hui. On y voyait aussi que cette église subsista ainsi jusqu'après la mort de saint Sernin, époque où ses prédications ayant considérablement augmenté le nombre des fidèles, on la convertit en un grand édifice.

Telle était la tradition adoptée par quelques-uns de nos anciens chroniqueurs. Elle plaira peut-être à ceux qui aiment les récits merveilleux et extraordinaires. Les esprits positifs, qui cherchent à se rendre raison de leurs croyances, en seront-ils également satisfaits? Il est permis d'en douter; du moins faudra-t-il en rejeter une partie évidemment contraire à l'histoire.

D'abord il n'est pas vrai que le christianisme ait été prêché à Toulouse quinze ans après Jésus-Christ; encore moins a-t-il été prêché à cette époque par saint Martial, évêque de Limoges, lui qui ne vint dans les Gaules que vers l'an 240, avec saint Denis, évêque de Paris, ce qui est attesté par toutes les légendes. L'auteur de cette notice, après avoir victorieusement réfuté cette vieille chronique, démontre que si l'on persiste à attribuer la fondation de l'église Saint-Etienne à saint Martial, ce n'a pu être que quelque temps après le martyre de saint Sernin, qui, le premier, vint prêcher la religion chrétienne à Toulouse, que ce saint serait venu pour réchauffer le zèle des nouveaux chrétiens; peut-être aussi leur inspira-t-il l'idée de construire une église en l'honneur de saint Etienne, en leur donnant cette ampoule renfermant le sang de saint Etienne, à laquelle se rattachaient tant de croyances religieuses.

Il paraîtrait certain que les reliques de saint Etienne furent d'abord conservées dans une petite église qui s'élevait au même endroit, où plus tard elle fut remplacée par celle que nous voyons.

La Nef.

Cette église se divise en trois constructions principales, qui ont chacune une époque et un style différent, la nef, le portail et le chœur. La *nef*, la plus ancienne des trois, se rapporte au commencement du 13.e siècle, et la majorité des auteurs s'accorde à dire qu'on la doit à la piété de Raymond VI, dit le Vieux, comte de Toulouse, dont on voit encore les armes sculptées sur une des clefs de la voûte.

Autel de Paroisse.

Le grand autel de la paroisse est dans un angle de la nef; il paraît, selon Catel, qu'il n'a été consacré qu'en 1386.

L'autel d'aujourd'hui n'est pas celui qu'on y voyait autrefois; ce dernier ayant été détruit à l'époque de la révolution, fut remplacé plus tard par un autel pris à l'église de la Daurade, et les adorateurs de marbre décoraient jadis l'église des religieuses de Saint-Sernin.

Tableaux.

Quelques tableaux peu remarquables décorent la nef; ils constatent du moins l'histoire des progrès des arts dans notre ville.

Le triomphe de Pader est celui dont la dimension attire d'abord les regards; cette grande machine n'est pas sans mérite; au-dessus du maître-autel, le tableau représentant l'Assomption de la Vierge, est une copie de M. Faure, d'après M. Despax; deux autres tableaux représentant divers sujets de la vie du prophète Élie, sont dus au pinceau facile de M. Despax.

Au-dessous de la tribune des chanoines est un tableau de la Cène de Notre-Seigneur, par M. Roques père; au-dessus et du même côté, on remarque un tableau qu'on dit être la représentation de la Résurrection de Lazare : on ignore le nom de son auteur; il a été donné par Louis XVIII à M. de Villèle, qui en a fait présent à l'église Saint-Etienne; et enfin le tableau qui frappe le plus par la fraîcheur de ses couleurs et le brillant de son cadre, est celui du martyre de saint Etienne, de M. Frotté, donné par le gouvernement en 1823. Ce tableau n'est pas sans mérite.

Portail.

Le grand portail de l'église est d'un style tout différent de celui de la nef; il a été construit tel qu'il est aujourd'hui, par Pierre Dumoulin, archevêque de Toulouse; il était décoré sur ses deux côtés de deux niches, qui contenaient, l'une la statue en pied de Pierre Dumoulin, l'autre celle de son frère Denis, qui avait été successivement archevêque de Toulouse et de Paris.

On remarquera au-dessus du portail une énorme rosace, dont les compartimens sont délicatement sculptés; elle procure une lumière abondante dans l'intérieur de la nef. On demandera pourquoi le portail ne se trouve-t-il pas placé au milieu de l'emplacement qui lui était destiné; aucuns renseignemens n'en donnent la solution; on ne peut en conclure autre chose, sinon que le projet primitif n'a pas été exécuté tout entier.

Description du Chœur.

Cette partie de l'église est la plus digne de fixer l'attention. En examinant du milieu de la nef cette élégante construction, il est difficile de ne pas être frappé du coup d'œil vraiment magique qu'elle présente.

La construction du chœur et des chapelles qui l'entourent, fut entreprise, en 1275, sur le plan où ils sont aujourd'hui, par Bertrand Delille, qui, ne pouvant les achever, les fit couvrir d'un plafond en bois. Le célèbre cardinal d'Orléans, en 1502, fit bâtir et achever la plupart des autels qui étaient autour du chœur; c'est lui qui fit également achever le clocher et construire la sacristie. Il paraît aussi qu'il avait le projet non moins important de continuer la nef d'après le plan conçu par Bertrand Delille. Le gros pilier qui sépare le chœur de la nef, et porte encore aujourd'hui le nom de *Pilier d'Orléans*, en fournit la preuve.

Pendant la nuit du 9 Décembre 1609, un affreux incendie se manifesta au chœur de l'église, (dont la couverture était en bois.) Dans l'intervalle de six heures, le chœur, les statues, les reliquaires, l'argenterie et tous les livres furent la proie des flammes. Les orgues fondirent, les figures d'argent massif, le tombeau de Bertrand Delille, sa statue en bronze, tout fut détruit.

Trois ans après, en 1612, les traces de cette affreuse catastrophe étaient entièrement disparues, ainsi que le témoigne l'inscription gravée en lettres d'or sur une table de marbre noir placée au-dessus de la porte du chœur; on y lit que le chœur fut consumé par les flammes en 1609, et rétabli en 1612.

Nous regrettons beaucoup que l'espace trop circonscrit de ce genre de livre ne nous permette pas de donner à nos lecteurs de plus amples détails sur cet intéressant sujet. Nous les invitons à lire *la Notice sur Saint-Etienne*, dans les *Mémoires de la Société archéologique du Midi*, livraisons 1.re et 3.e du tome 1.er, imprimée chez Vieusseux, et qui se trouve aussi au bureau de l'Annuaire.

ÉGLISE SAINT-SERNIN OU SAINT-SATURNIN.

Cet édifice, un des plus anciens qui existe dans ce genre, a été, dit-on, commencé vers le 11.e siècle, par saint Sylvias, évêque de Toulouse, et achevé par saint Exupère son successeur. Cette église est très-élevée; elle a la forme d'une croix allongée; la principale porte se trouve à l'extrémité inférieure de la croix; il y a encore deux autres portes latérales qui donnent entrée dans cet édifice.

La coupole de l'église est formée par quatre piliers qui supportent le clocher. La voûte de cette coupole est ornée de peintures d'un assez bon style. Autour du chœur se trouvent des chapelles, dans lesquelles sont les châsses qui renferment les reliques des corps saints dont cette église est en possession. Sous le maître-autel, qui est très-élevé et surmonté par un baldaquin, existent encore des reliques très-anciennes, parmi lesquelles figure la châsse de saint Saturnin. On descend dans ces caveaux, qu'on a érigés en petites chapelles, par deux escaliers en pierre.

On remarque plusieurs inscriptions dans cette église; les principales sont au nombre de deux, dont la première nous apprend que François I.er, malade dans sa prison de Madrid, fit vœu, pour sa guérison, de faire une offrande aux saints dont les reliques sont vénérées dans cette enceinte. Ce vœu fut accompli, après son retour en France, par *Minut*, président au parlement de Toulouse.

La seconde inscription est en latin; la voici:

Non est in toto sanctior orbe locus.
Il n'est pas dans tout le monde un lieu plus saint.

Les principales reliques consistent en un morceau de la vraie croix, dans une épine de la couronne de Jésus-Christ, dans un morceau d'une robe de la sainte Vierge.

Le clocher de Saint-Sernin est très-élevé. On y jouit d'une vue très-étendue: nous ne pousserons pas plus loin notre description, on sait que nous nous sommes engagés à la donner plus complète.

ÉGLISE DE LA DAURADE.

Cette église, toute moderne et inachevée, faisait partie du couvent des Bénédictins, dont le reste est aujourd'hui la manufacture de tabacs. L'intérieur de cet édifice est beau, mais les bas-côtés ne sont pas en rapport avec la nef principale. Le chœur est orné de sept tableaux de M. Roques père; ils représentent la *Conception*, la *Naissance de la Vierge*, l'*Annonciation*, la *Visitation*, l'*Assomption*, la *Présentation* et la *Circoncision*.

Dans une chapelle placée à droite, en entrant par la porte qui donne sur le quai, est un monument en marbre consacré à la mémoire de Dastarat, savant médecin de Toulouse : le médaillon de ce monument a été sculpté par feu M. Vigan.

L'ancienne église de la Daurade avait été construite sur les ruines d'un temple romain, dédié, dit-on, à Apollon, dont une partie était encore debout dans l'hémicycle qui formait le sanctuaire. La nef de l'église avait remplacé des ruines qui présentaient un décagore parfait. Le sanctuaire, plus élevé, était garni de trois rangs de niches pratiquées dans le mur. Tout le massif du mur était recouvert d'une mosaïque en verre très-remarquable, représentant des saints de l'ancien et du nouveau Testament. La couleur jaunâtre ou dorée qui faisait le fond de cette mosaïque, avait donné le nom de *Deaurata* ou *Daurade*, sous lequel fut désignée cette église. On croit que les Visigots étaient les auteurs de cette mosaïque; ils voulurent, assure-t-on, effacer par là la beauté du temple païen, lequel était décoré, à l'intérieur, de trois rangs de colonnes à cannelures torses.

On croit généralement que *Clémence Isaure* fut inhumée dans l'église de la Daurade. C'est pour cela que la cérémonie de la bénédiction des fleurs en or et en argent, destinées aux vainqueurs du concours des Jeux-Floraux, a lieu tous les ans dans cette église.

On voit encore dans cet édifice un monument renfermant les cendres de *Godolin*; ces restes y ont été transportés du cloître des Grands-Carmes en 1808.

Cette église a été bâtie sur le plan de M. Hardi.

ÉGLISE DE LA DALBADE

Cette église, qui paraît d'une construction très-ancienne, était remarquable par la hauteur de son clocher, dont une partie a été démolie en 1793. Elle n'a qu'une porte gothique, dont les sculptures sont assez curieuses; au-dessus on y lit le distique suivant :

Chrestien, si mon amour est en ton cœur gravé,
Ne diffère en passant de me dire un *Ave*.

La Dalbade est dédiée à la sainte Vierge; l'intérieur n'a rien de remarquable.

ÉGLISE SAINT-PIERRE.

L'autel de cette église est magnifique; il est digne de fixer l'attention des connaisseurs. Le dôme de cet édifice est d'un très-bon goût; il est surmonté d'une statue en plomb d'une très-grande proportion. L'intérieur du dôme a été orné d'après les dessins de *Cammas*; les figures sont de *Mortreuil*, et les ornemens de *Julia*, tous de Toulouse. L'autel est à la romaine; il est construit en marbre. Deux trépieds placés aux deux côtés de l'autel, supportent chacun trois flambeaux. Le tabernacle est une urne placée sur un piédestal. Deux anges en marbre blanc, sculptés par *Lucas*, de Toulouse, de plus de sept pieds de hauteur, posent une guirlande sur le tabernacle. On voit que cette église a été construite et ornée par des artistes auxquels Toulouse s'honore d'avoir donné naissance.

ÉGLISE DU TAUR.

L'origine de sa fondation est la seule chose qui puisse la distinguer. On raconte qu'en 252, sous l'empereur *Décius*, *Saturnin* vint prêcher la foi dans Toulouse. L'ardeur de son prosélytisme le fit bientôt remarquer, et sa mort fut demandée par le peuple. Il fut saisi et conduit au Capitole. Là, un taureau fut amené, et on le pressa de le sacrifier aux dieux de Rome et de Gaule. *Saturnin* repoussa avec horreur cette proposition, et fit aussitôt une profession de foi à haute voix. Alors on le garrotta, et on l'attacha par les pieds à la queue du taureau, qu'on mit en fureur. Le corps du martyr fut bientôt mis en pièces, et l'animal furieux ne s'arrêta qu'après s'être épuisé de lassitude. Il était sorti de la ville, et avait fait un long circuit. Le corps de Saturnin fut recueilli par deux femmes, qui le placèrent dans une fosse, sur laquelle on bâtit dans la suite une église, qui est celle du Taur, ainsi nommée, parce que le taureau s'arrêta en ce lieu.

ÉGLISE SAINT-NICOLAS.

Le faubourg Saint-Cyprien forme une paroisse, dont l'église, assez peu remarquable, est dédiée à saint Nicolas. Le maître-autel est orné de colonnes en marbre, et de plusieurs tableaux de *Despax*. Le porche, qui précède le portail de cette église, est du plus mauvais effet; on y voyait autrefois une vingtaine de cadavres parfaitement conservés, qu'on avait placés debout dans une tribune. On ne craignait point alors d'exposer aux regards de tous les fidèles qui allaient adorer Dieu, la vue de ce que nous devenions après notre mort. Notre siècle est aujourd'hui plus susceptible, et ne supporterait point un pareil spectacle.

ÉGLISE SAINT-JÉRÔME.

Bâtie sous le règne de Louis XIII, cette église appartenait, avant la révolution, à la confrérie des Pénitens-Bleus, sous le nom desquels elle est encore désignée très-communément. L'intérieur possède des sculptures de *Marc Arcis*, d'un très-bon goût, et représentant les vertus théologales. Il y a au maître-autel un tableau de *Lethier*, représentant l'Invention de la Croix.

ÉGLISE DE SAINT-ANTOINE DU SALIN, OU SAINT-FRANÇOIS DE SALLES.

Elle est sous l'invocation de saint François de Salles; elle appartenait autrefois aux Cordeliers de Saint-Antoine. Il y a quelques peintures à la fresque de M. Roques, qui décorent l'intérieur de l'édifice.

ÉGLISE SAINT-EXUPÈRE.

Dépendante de l'ancien couvent des Carmes-Déchaussés, cette église est destinée aux habitans du faubourg Saint-Michel; il y a quelque chose de particulier dans l'intérieur. Au-dessus du maître-autel, et dans une tribune soutenue par des colonnes de marbre, on a placé un autre autel, qui est ainsi élevé de plus de 25 pieds au-dessus du sol.

ÉGLISE DE NAZARETH.

C'est une très-petite église située dans la petite rue Nazareth. Selon M. *Du Mège*, elle a été bâtie au 14.e siècle; selon d'autres, elle serait beaucoup plus ancienne, puisqu'on prétend que c'était un temple consacré à *Vénus Erycine*. On y voit le buste et le mausolée du savant *Dadin de Hauteserre*.

ÉGLISE DES RÉCOLLETS OU DU CALVAIRE.

Cette église, située *extrà muros*, au-delà du faubourg Saint-Michel, sur la rive droite de la Garonne, a été rendue au culte depuis très-peu d'années. On a établi dans un enclos très-vaste un calvaire, avec autant de petites chapelles qu'il y a de stations dans le Chemin de la Croix. L'église n'a rien de particulier.

ÉGLISE OU CHAPELLE DES PÉNITENS-GRIS.

Les anciennes confréries des Pénitens ayant

profité du zèle de quelques autorités ecclésiastiques pour se rétablir, celle des Pénitens-Gris a converti une maison, située dans la rue du Musée, en une petite église, où l'on célèbre l'office divin.

TEMPLE CALVINISTE OU PROTESTANT.

La communion évangélique possède un temple à Toulouse, situé dans la rue de l'Orme-Sec. La décoration intérieure en est simple et grave. Dans le vestibule sont quelques monumens et inscriptions consacrés à des Anglais tués à la bataille de Toulouse.

SYNAGOGUE.

Il y a très-peu de juifs à Toulouse; leur temple est situé dans une maison particulière de la place des Pénitens-Blancs. C'est une vaste salle qui a été arrangée pour ce culte.

MAISON D'ARRÊT,

Rue du Sénéchal.

Cette prison sert à la réclusion des détenus pour dettes, des condamnés et des prévenus en police correctionnelle; elle est vaste, et pourrait, au besoin, contenir 300 à 350 détenus; mais elle n'en renferme ordinairement que 70 à 80. Les ouvertures en sont grandes et multipliées. Quatre cours spacieuses, pavées en briques sur pied, servent à la promenade et aux exercices des prisonniers. Les hommes sont séparés des femmes, et les détenus pour dettes ne sont pas confondus avec les prévenus ou les coupables de vol ou d'escroquerie. Un chemin de ronde et de surveillance règne autour du bâtiment; il est à regretter que, large et commode sur presque tous les points, il se rétrécisse singulièrement vers le sud-est, ce qui pourrait gêner la libre circulation de l'air sur un côté peu éloigné de l'infirmerie et du quartier des femmes. Les escaliers et les corridors de la prison son larges, bien aérés, et disposés de manière à concourir à sa salubrité; le soin fréquent de les gratter et de les blanchir à la chaux, contribue beaucoup à l'entretien de cette qualité importante. Les salles sont généralement bien éclairées et fort propres; on a eu l'attention de les séparer des lieux d'aisance. Placés à proximité, il en existe pour chaque salle qui leur sont particuliers, et où les détenus peuvent aller dans la nuit; de cette manière, les latrines, toujours bien nettoyées par les prisonniers eux-mêmes, ne sont plus dans le cas de devenir des foyers d'infection. Tous les détenus couchent seuls; chaque mois on renouvelle les draps de leurs lits et la paille contenue dans leurs paillasses. Les règlemens qui prescrivent ces moyens de propreté, veulent aussi que le concierge et les guichetiers tiennent la main à ce que chaque prisonnier lave tous les matins son visage et ses mains, fasse son lit, balaie à son tour la chambre, l'arrose; qu'il se peigne fréquemment, change de linge; en un mot, qu'il soit propre : ces dispositions sont strictement exécutées.

D'après toutes ces précautions, on doit penser qu'il y a bien peu de maladies dans la maison d'arrêt. Trois ou quatre au plus se trouvent ordinairement dans l'infirmerie.

Malgré toutes les précautions prises par l'administration, on n'a pu parvenir à obtenir l'assainissement complet de cette prison ; ainsi on observe deux cours, situés au nord ouest, continuellement humides ; on remarque aussi que les fenêtres du bâtiment ne sont pas disposées de manière à pouvoir établir des courans d'air. Les chambres de police intérieure ne sont pas assez éclairées ; il y règne de l'humidité et quelques émanations délétères. Pourquoi n'y a-t-on pas pratiqué des ventilateurs à coulisse ou à bouchon au niveau des planchers ? Ces moyens, employés dans toutes les prisons des Etats-Unis et dans la maison de répression de Saint-Denis, y ont été reconnus comme de puissans désinfectans mécaniques.

FONTAINES PUBLIQUES.

Le projet d'établir à Toulouse des fontaines publiques, se perd dans la nuit des temps, et cependant jusqu'en 1825 ses habitans ne pouvaient se procurer de l'eau qu'au moyen de porteurs qui la chariaient, dans des tonneaux, sur les divers points de la ville. Ce moyen barbare, qu'on me passe l'expression, tenait à l'absence de sources abondantes dans les environs qui pussent fournir aux besoins d'une grande cité. Cependant les eaux peu considérables, il est vrai, qui surgissent au pied des coteaux des Ardennes, situés à l'ouest de la ville, avaient été autrefois conduites, par les Romains, sur un aquéduc de 800 arcades et de 2000 toises de longueur. Cet aquéduc, dont il reste encore des vestiges de fondation le long du vieux chemin de Cugnaux, existait, dit-on, encore dans le moyen âge, sous le nom de pont de la *Régine Pé-d'Aouco* ou *Pédauque*.

L'une des sources du coteau de Guilleméry, à l'est, fut également reçue dans des aquéducs, et elle alimentait les fontaines de Saint-Étienne et de Saint-Sauveur; mais les conduits exigeaient des réparations dispendieuses que ne compensait pas le petit filet qu'on en obtenait, et qui tarissait souvent.

À plusieurs reprises, les Capitouls avaient fait de vains efforts pour réaliser le projet des fontaines publiques ; mais les obstacles, et surtout l'énormité de la dépense, firent constamment évanouir toutes les espérances.

Ce que n'avaient pu exécuter tant de générations qui s'étaient succédées, a été réalisé, ou au moins hâté par l'effet d'un civisme et d'une bienfaisance patriotique, dont les exemples sont malheureusement trop rares. M. Charles Laganne, ancien capitoul, mort en 1789, légua 50,000 fr. à la ville pour l'établissement des fontaines, le testament portant cette clause : « Si dix ans après la mort de mon héritière (son épouse), les administrateurs n'ont pas entièrement terminé la conduite des eaux dans la ville, je révoque le legs. » Madame Laganne mourut en 1817 ; et dès-lors on s'occupa avec activité de réaliser les intentions patriotiques du testateur ; bien qu'on reconnût que la somme était insuffisante, et qu'on ne devait la regarder que comme une prime d'encouragement.

Parmi les nombreux projets présentés, deux furent remarqués ; l'un, présenté par M. Maguès, ingénieur en chef du Canal du Midi, consistait à prendre les eaux de la Garonne immédiatement au-dessous de Muret, et à les conduire par un canal sur le plateau des Ardennes ; dans leur route, elles auraient servi à de nombreuses irrigations, et auraient fertilisé les terrains secs et arides de la plaine de Muret.

De ce plateau des Ardennes, ces eaux, conduites dans des tuyaux de fonte, auraient été amenées aux tours du pont, et de là distribuées dans la ville ; la dépense pour arriver à ce point était évaluée à 12 ou 1,500,000 fr.

L'autre projet est celui qui a été exécuté, et qui consistait à élever artificiellement les eaux de la Garonne au moyen d'une machine proposée par M. Abadie, qui l'a exécutée, et qui a fait preuve, dans ce travail, d'un beau talent, et de connaissances profondes en mécanique et en hydraulique, accompagnées d'une expérience peu commune, acquise par de nombreux voyages en France, en Allemagne et en Angleterre.

Le Château-d'Eau est établi au faubourg Saint-Cyprien, sur la rive gauche de la Garonne, au pied du Pont-Neuf et du quai nommé Cours-Dillon, en amont de la belle chaussée qui retient les eaux de la Garonne pour le service de la célèbre usine décrite par Bélidor, et connue sous le nom de moulin du Bazacle.

Une prise d'eau faite auprès du pont traverse le mur du quai, met en mouvement les machines que nous décrirons bientôt, et s'écoule dans la Garonne, au-dessous de la chaussée, près du moulin Baylac, par un aquéduc bâti sous la rue du faubourg Saint-Cyprien, et sous la rue Réclusanne, sur une longueur de 2309 pieds (750 mètres); et par un canal de fuite creusé dans la terre et dans le roc, sur une longueur de 1200 pieds (400 mètres.)

Le bâtiment du Château-d'Eau, construit sur les dessins de M. Raynaud, architecte, se compose d'un soubassement circulaire de 19 mètres (53 pieds) de diamètre, et de 50 mètres (20 pieds) de hauteur, dans lequel sont placées les machines.

Sur le soubassement s'élève une tour circulaire flanquée de 8 contreforts. Cette tour renferme les tuyaux d'ascension et les cuvettes; elle est couverte par une terrasse, terminée par un lanternon composé de 6 pilastres doriques surmontés d'une calotte demi-sphérique. La hauteur totale du monument est de 28 mètres. Un arceau qui donne passage aux tuyaux de distribution, met la tour en communication avec le quai Dillon.

Ce monument, dont le soubassement est d'un bon style, a été l'objet de vives critiques dans sa partie supérieure; la corniche du couronnement a paru maigre, et le lanternon n'a pas la fermeté qu'exige un édifice d'un genre aussi sévère, les grilles et la porte d'entrée du côté du quai, sont également d'un style mesquin, et semble un hors-d'œuvre qui n'est point ajusté convenablement avec l'ensemble du bâtiment.

Nous arrivons à la description de la partie la plus intéressante et la plus belle de l'établissement des fontaines, celle des machines pour élever les 200 ou 250 pouces d'eau (5000 mètres cubes ou 5 000,000 de litres par 24 heures) destinée aux fontaines. Afin d'assurer le service, et d'éviter toute interception, on a construit deux machines absolument semblables placées à côté l'une de l'autre dans le soubassement circulaire, chacune à l'extrémité d'un des diamètres du plan.

Chacune d'elles consiste en une roue à aube (breast-roheel des Anglais), mise en mouvement par le courant d'eau provenant de la prise sous le quai, et qui frappe la roue au-dessus de sa partie inférieure, avec une hauteur de chute de 1 mètre 45 centimètres. Ce mouvement est communiqué à l'aide de deux manivelles adaptées aux deux extrémités de l'arbre tournant, et par l'intermédiaire de deux bielles et deux balanciers à deux couples de pompes aspirantes et foulantes qui prennent l'eau dans les puisards où elles aboutissent, et la forcent à s'élever, dans des tuyaux en fonte, jusqu'aux cuvettes annulaires de même métal, situées au sommet du Château-d'Eau, sous la terrasse.

Les roues hydrauliques, ainsi que les arbres, sont en fonte et en fer; elles ont 5 mètres 30 centimètres, environ 16 pieds 5 pouces de diamètre extérieur, non compris les aubes, 1 mètre 50 centimètres de largeur, et garnis de 32 aubes de 0 mètre 66 centimètres, environ 22 pouces de saillie. Les pistons des pompes sont en cuivre jaune creux, et ont 1 mètre 70 centimètres (5 pieds 3 pouces) de hauteur, sur 0 mètre 27 centimètres (10 pouces) de diamètre intérieur ; ils sont polis et tournés, et leur surface a tout l'éclat d'un miroir métallique.

Les tuyaux d'ascension ont 0 mètre 27 centimètres (10 pouces) de diamètre, et leur hauteur totale est de 22 mètres 14 centimètres (65 pieds.)

On voit, d'après ce qui précède, que chaque machine a quatre pompes, et pour les deux huit pompes, dont l'eau est élevée à la cuvette de distribution, par deux tuyaux d'ascension, un pour chaque machine. Cette cuvette annulaire est divisée en compartimens concentriques, dont les cloisons sont garnies de toiles métalliques, sur lesquelles l'eau dépose les filamens de mousse et autres petits corps qu'elle charrie souvent; des échancrures, par lesquelles l'eau tombe du compartiment le plus haut, servent d'appareil de jauge pour connaître la quantité d'eau élevée.

Les deux tuyaux par lesquels l'eau descend, et qui sont le commencement de la double conduite, mènent les eaux dans la ville, et ont 0 mètre 27 centimètres (10 pouces) de diamètre; ils descendent verticalement jusqu'à 12 mètres 70 centimètres au-dessous de la cuvette, puis ils se dirigent horizontalement vers le Cours-Dillon, en passant dans le pont qui joint le Château-d'Eau à ce cours.

Enfin un dernier tuyau prend l'eau du déversoir à 11 mètres (33 pieds 10 pouces); au-dessous il se bifurque; une des branches aboutit au canal de fuite, et l'autre aux puisards des pompes; en sorte qu'au moyen d'un robinet, on rejette l'eau clarifiée du trop plein, soit dans le canal de fuite, soit dans les puisards; et, dans ce dernier cas, elle est élevée de nouveau par les pompes.

Telle est la rapide description de ces belles machines, qui, depuis près de sept ans, fonctionnent sans s'être dérangées, et sans que le service public ait été suspendu un seul instant. S'il n'y avait pas une petite obliquité dans la traction des bielles, d'où résulte un léger mouvement dans les arbres des roues et du balancier, et si ces arbres étaient plus pesans, ces machines seraient parfaites; et dans leur état actuel, elles sont encore les meilleures et les plus solides de toutes celles qui existent en France.

L'eau qu'elles élèvent leur est fournie par les filtrations de la rivière, qui sont reçues dans trois immenses bassins ou filtres établis dans le banc d'alluvion que la rivière a déposé depuis une cinquantaine d'années, au pied du Quai ou Cours-Dillon, et qui est principalement composé de gravier et de sable entremêlés de cailloux.

Le premier de ces filtres, ou plutôt de ces bassins, car l'eau y arrive toute filtrée après avoir traversé le gravier et les sables, se compose d'une excavation d'environ 1,080 mètres carrés, descendue à un mètre au-dessous du niveau des plus basses eaux, et remplie de cailloux et de sable, avec une galerie en brique, posée à sec, dans le milieu; l'eau en est excellente.

Le deuxième filtre offre onze puits en brique également posés à sec, communiquant entre eux par des tuyaux de fonte, donnant une eau de médiocre qualité, et chargée d'oxide de fer, circonstance qui l'a fait à peu près abandonner et qui a nécessité la construction du troisième filtre, qui consiste en une grande tranchée de 250 mètres de longueur creusée parallèlement à la rivière, et à 40 ou 30 mètres de la berge. Cette excavation est également remplie de cailloux; enfin, un canal d'amener, rempli également de cailloux, a été établi cette année même pour mettre les filtres en communication directe avec la rivière.

L'eau de ces bassins se réunit dans les puisards des pompes ; mais de telle sorte, qu'au moyen de vannes, on peut n'admettre que celle de tel ou tel filtre.

Tous ces ouvrages souterrains ont été recouverts de gazon : l'ancienne prairie existe dans son entier ; les filtres, dérobés aux yeux du public, ignorés en quelque sorte par lui, sont à l'abri des effets de la malveillance ; ils fournissent ensemble 200 à 250 pouces d'eau d'une limpidité parfaite. Ce mode de clarification naturelle est particulier aux fontaines de Toulouse, et leur assure une supériorité incontestable sur celles de toutes les autres villes.

Quant à la distribution des eaux, on a eu égard à la disposition des rues de la ville elle-même ; la rue qui part du pont, et aboutit à Saint-Etienne, divise la cité en deux parties, au centre desquelles se trouvent à peu-près placées, dans celle du nord, la place du Capitole ; dans celle du sud, la place d'Orléans. Ces deux points devenaient naturellement des centres de distribution, dont la place de la Trinité devenait le point de partage : c'était donc dans ces directions principales que le service devait être constamment assuré ; à cet effet, une double conduite en fonte, portant 200 pouces d'eau, part du Château-d'Eau, passe dans la galerie qu'on a trouvé sous les trottoirs du pont du côté d'amont, et se continue dans un aqueduc bâti *ad hoc*, jusqu'au-dessous de la place de la Trinité ; là, dans une chambre souterraine, se trouve une cuve de distribution, en fonte, d'où part une seconde double conduite allant, dans un aquéduc souterrain, à la Place-Royale, et du côté opposé, une troisième double conduite, renfermée aussi dans un aquéduc, se rend à la place d'Orléans; l'une et l'autre conduisent 100 pouces d'eau, et se terminent aussi par une cuve de distribution. De ces deux cuves partent les tuyaux simples qui distribuent les eaux dans la ville, Ces tuyaux sont encaissés dans des tranchées qui ont été ouvertes dans les rues à une profondeur d'environ 3 pieds, et qui ont été comblées et recouvertes d'un nouveau pavé.

La longueur totale des tuyaux placés jusqu'à ce jour, est de 14,840 mètres (environ trois lieues et demie de poste); celle des aquéducs souterrains, depuis le Château-d'Eau jusqu'à la Place-Royale, et à celle d'Orléans, est de 1329 mètres, (un tiers de lieue environ.)

Enfin, pour faire écouler l'eau qui pourrait se réunir dans les aquéducs, soit par le remplacement des tuyaux, soit lorsqu'on les ouvre pour les laver, il a été construit trois aquéducs de vidange, aboutissant aux égouts de la ville; ils présentent ensemble une longueur de 547 mètres (1680 pieds); l'un aboutit à l'égout de la rue Lafayette, le second à celui de la Dalbade, le troisième à celui de la Halle au Poisson.

Les eaux sont fournies en ville, 1.º par 101 bornes-fontaines, dont 8 sont en marbre des Pyrénées, et les autres en fonte de fer;

2.º Par cinq fontaines monumentales, dont quatre neuves et une ancienne, celle de Saint-Étienne;

3.º Par trois abreuvoirs, ceux d'Arnaud-Bernard, de Saint-Michel et de Saint-Cyprien;

4.º Par deux belles gerbes jaillissantes, celle de la place d'Orléans et celle du Boulingrin.

La fontaine de la place de la Trinité, exécutée sur concours par M. Urbain Vitry, ingénieur de la ville, se compose de trois marches circulaires en pierre de taille, supportant un bassin ou vasque de 15 pieds de diamètre, au milieu duquel s'élève un double socle triangulaire en marbre blanc; il supporte trois syrènes en bronze, entre lesquelles est un balustre de même métal. Ce groupe soutient à 12 pieds au-dessus du sol de la place, une coupe, également en marbre blanc, de 6 pieds 1/2 de diamètre : sur les pans coupés du socle sont trois têtes de lion ou mascarons en bronze.

L'eau qui jaillit du milieu de la coupe, s'élève à 24 pieds au-dessus du sol; après être retombée dans la cuvette supérieure, la majeure partie tombe en nappe, et forme comme un voile d'eau au-devant des syrènes. Une autre partie passant par les tuyaux qui traversent les figures, va couler par les têtes de lion ou mascarons; celle destinée à la consommation se rend du bassin inférieur à trois bornes-fontaines établies au bas des marches.

Les figures sont de M. Romagnési, sculpteur à Paris, et ont été fondues, dans cette capitale, par M. Denières. Le marbre est des carrières de Saint-Béat.

Ce monument, remarquable par l'harmonie de ses proportions, n'a reçu encore que des éloges, et la critique, ce qui est bien rare, ne s'est pas exercée sur lui; il n'a coûté, abstraction faite des fondations, que 13,055 fr.

Un objet digne de remarque, c'est qu'il a été copié et exécuté exactement sur l'une des places de Perpignan.

La fontaine de la place Saint-Georges n'est plus ce qu'elle devait être, le projet primitif ayant été abandonné.

D'après ce projet primitif, qui fut choisi sur concours, et fait encore par M. Urbain Vitry, la fontaine devait se composer d'un bassin circulaire de 25 pieds de diamètre, établi sur une marche en pierre, et du milieu duquel s'élevait un piédestal revêtu en marbre blanc, portant une colonne en fonte de fer d'ordre dorique cannelé, ayant 4 pieds de diamètre et 32 de haut, surmonté d'une renommée en bronze. A chacun des quatre angles du piédestal devait être un socle placé diagonalement, sur lequel était un griffon ailé en fonte, versant l'eau dans le bassin.

La colonne fut fondue à Terre-Noire près de Saint-Etienne en Forez; mais lorsque le bassin et le piédestal furent terminés, et la colonne rendue à Toulouse, l'administration donna l'ordre, en 1831, d'en suspendre l'érection, et de modifier le projet. On remplaça les griffons par quatre demi-vasques en marbre blanc, garnies chacune de sept mascarons, qui laissent échapper l'eau jetée dans les vasques par quatre cignes aux ailes déployées, et entourées d'une couronne, qui ornent les faces du piédestal. Ces couronnes sont formées des fleurs de Clémence Isaure.

On dit que l'on doit placer sur le piédestal une statue en marbre, qui sera exécutée par M. Valois, statuaire de Paris.

La colonne en fonte de fer qui était destinée à la place Saint-Georges, sera élevée au faubourg Saint-Etienne, sur la place Dupuy, et fera partie du monument élevé à la mémoire de ce général, et des braves de la 32.e demi-brigade morts au champ d'honneur.

Ce monument, exécuté sur les dessins de M. Urbain Vitry, présente un bassin circulaire de 9 mètres 40 centimètres, établi sur une marche en pierre, au milieu duquel s'élève un socle carré, revêtu de marbre de la penne Saint-Martin, se prolongeant diagonalement pour recevoir les quatre griffons en fonte qui décorent les angles : un piédestal, revêtu de marbre blanc, est établi sur ce premier socle, et supporte la colonne en fonte de fer qui était destinée à la place Saint-Georges, et au sommet de laquelle est placée sur un lanternon en fonte, une statue ailée en bronze, qui était autrefois sur le donjon du Capitole. L'une des faces du piédestal offre un bas-relief en marbre, orné d'obusiers, de branches de chêne et de laurier, qui ombragent le buste de Dupuy en habit de général. Cet ouvrage a été confié au ciseau de M. Griffoul-Dorval, professeur de sculpture à l'école spéciale des arts. Sur les autres faces sont gravées les inscriptions suivantes : *J'étais tranquille, la 32.e était là!... J'ai perdu un* ami, et la France un de ses plus beaux défenseurs. (Bonaparte.) *Aux braves de la 32.ᵉ demi-brigade, morts au champ d'honneur, et au général Dupuy.* La hauteur totale de ce monument est de 19 m 20 cent. (environ 60 pieds.)

La fontaine actuelle de la place Saint-Etienne, bâtie en 1649, se compose d'un bassin, surmonté d'un petit obélisque porté par un socle, présentant sur chacune de ses faces, et dans une petite niche, un ange ou enfant tout nu *qui verse de l'eau.* Un tel monument devant la porte d'une église, est une des plus bizarres conceptions que l'on puisse voir. On en a cependant pallié l'indécence, en fermant dans ces derniers temps l'orifice par lequel coulait l'eau. Cette fontaine doit être démolie, et remplacée par un piédestal entouré d'une grille en fer, et surmonté de la statue de *Riquet,* tenant à la main le plan du Canal du Midi, et reposant un pied sur un rocher d'où jaillit une source, dont l'eau se dirige d'un côté vers l'Océan, et de l'autre vers la Méditerranée. Cette statue, en marbre de Saint-Béat, est confiée à M. Griffoul-Dorval, professeur de sculpture à l'école des arts. On a observé avec raison qu'un semblable monument aurait été plus convenablement placé auprès du célèbre ouvrage de Riquet, que sur une place éloignée du canal des Deux-Mers, et situé dans l'intérieur de la ville.

Aux quatre angles de la Place-Royale sont établis quatre grandes bornes-fontaines, composées chacune d'un piédestal en marbre de la penne Saint-Martin, de 9 pieds de hauteur, y compris la marche, portant un candélabre en fonte de 12 pieds d'élévation, fondu à Toulouse par M. Ollin. Chaque piédestal présente un mascaron en bronze, qui fournit l'eau à la consommation. Les projets ont été faits par M. Raynaud, architecte. On a trouvé en général que les deux parties qui composent ces monumens, prises isolément, sont d'un bon goût, mais ne sont point d'un effet satisfaisant lorsqu'on les voit réunies. Elles paraissent avoir été établies sur des proportions trop élevées.

M. Raynaud est encore l'architecte de la petite fontaine qu'on voit sur la place Rouaix, et qui a été établie avec une partie des sommes données par les habitans de ce quartier. Elle se compose d'un petit bassin circulaire; au centre s'élève un piédestal carré en marbre blanc, surmonté de deux frontons, dont les versans sont ornés d'antephises. Deux têtes de lion en bronze donnent passage à l'eau : on a reproché à ce monument, peut-être avec raison, d'avoir trop d'analogie avec un tombeau.

Une fontaine sera établie à la place Saint-Barthelemi, et doit être adossée contre la maison qui vient d'être bâtie au grand pan coupé, formé par la rencontre des rues du Vieux-Raisin et de Nazareth.

On se propose d'en construire une de la même manière sur le grand boulevard Saint-Aubin, à l'angle de la rue des Cimetières.

Enfin une grande colonne monumentale, accompagnée de fontaines, devait être élevée sur la place Lafayette; le modèle en toile et en bois y a été même construit de grandeur naturelle en 1831, sur les dessins de M. Urbain Vitry;

mais la dépense s'élèverait à plus de 100,000 fr.; d'ailleurs les dispositions de la place, qui est elliptique, et coupée diagonalement par six rues ouvertes, il y a une vingtaine d'années, sur de trop petites dimensions, feront peut-être renoncer à l'érection de ce monument, qui intercepterait la vue, parce qu'il faut qu'il soit exécuté sur de grandes dimensions, pour être en harmonie avec l'immense étendue de cette place.

La distribution des eaux ne se borne point au service public; 15 pouces d'eau ou 30,000 litres par 24 heures, sont réservés pour être concédés aux particuliers qui désirent en avoir à domicile.

Ces concessions se divisent en concessions de de jour et concessions de nuit, suivant que l'écoulement a lieu de jour ou de nuit.

Le prix est de 20 fr. par an pour chaque hectolitre de jour; le minimum est fixé à 2 hectolitres.

Le prix de chaque hectolitre de nuit est de 10 fr. par an; le minimum de la concession est de 15 hectolitres.

La durée de la concession est de six ans.

Indépendamment de ces concessions, il peut exister des concessions mensuelles, mais d'au moins 50 hectolitres, au prix de 1 fr. par hectolitre, et par mois.

Dans tous les cas, les frais de prise d'eau, de tuyaux, etc., sont à la charge des concessionnaires.

Telle est l'analise succincte de l'établissement des fontaines de Toulouse. La dépense générale s'est élevée, jusqu'à ce jour, à 1,132,000 fr.

Mais les sacrifices qu'a dû s'imposer la ville, sont bien compensés par les avantages immenses qui en ont été la suite; la ville a changé de face sous le rapport de la propreté, et l'on peut avancer qu'aujourd'hui Toulouse est une des cités les mieux arrosées de France.

CANAL DU MIDI.

Ce canal, appelé, jusqu'à la révolution, *Canal royal du Languedoc*, est une des merveilles de l'Europe. C'est le plus grand comme le plus utile des monumens dont elle est illustrée : par lui on a vu s'opérer les communications commerciales, industrielles et agricoles du midi de la France; par lui a été effectuée cette réunion des deux mers, si long-temps regardée comme chimérique, ou d'une exécution trop difficile.

On doit cet ouvrage célèbre à l'amour d'un grand Roi pour la gloire, au zèle d'un grand ministre pour la prospérité de l'Etat, au génie, au courage et à la prodigieuse intelligence de Pierre-Paul Riquet, qui en fut l'auteur et l'entrepreneur, aux connaissances et à l'habileté des coopérateurs qu'il sut se donner.

Le Canal du Midi fut commencé en 1666, et se trouva navigable en 1681. Pierre-Paul Riquet, à qui Béziers avait donné naissance, mourut en 1680, avant d'avoir vu couronner sa grande entreprise par l'entier succès dont il n'était alors plus permis de douter.

Pendant les quinze années que dura la construction du canal, on exécuta des travaux dont l'immensité étonne l'imagination. Il fut déblayé 14,800,000 mètres cubes de terres, 3,700,000 mètres cubes de rochers, et bâti 3,000,000 de mètres cubes de maçonnerie.

La dépense s'éleva à 17,000,000 de livres, dont un peu plus d'un tiers fut fourni par la seule province de Languedoc, outre son contingent dans les autres deux tiers, où elle dut contribuer proportionnellement comme les autres provinces du royaume.

Ce canal commence à la Garonne, sous Toulouse, passe dans l'un des faubourgs de cette ville, près de Villefranche-Lauragais; à Castelnaudary, à Carcassonne, à Trèbes, près d'Azille, non loin de Narbonne, ville où il aboutit par une de ses branches; sous Béziers, à Agde, et se termine dans l'étang de Thau, près de Marseillan.

Sa longueur totale, depuis son embouchure dans l'étang du Thau, jusqu'à son embouchure opposée dans la Garonne, est de 239,507 mètres 88 centimètres, dont 187,408 mètres 11 centimètres du point de partage à la Méditerranée, et 52,099 mètres 67 centimètres du même point de partage à la Garonne.

La largeur moyenne du canal et de ses francs-bords est de 47 mètres 54 centimètres; celle de sa voie d'eau à sa surface est de 22 mètres, et celle de chacun de ses francs-bords est de 13 mètres 77 centimètres.

Il y a dix-sept corps d'écluses du côté de l'Océan, et quarante-cinq du côté de la Méditerrapée, en tout soixante-deux, dont trente-sept simples, dix-huit doubles, cinq triples, un quadruple et un octuple, ce qui comprend cent bassins et cent chutes, dont la hauteur moyenne devient à 2 mètres 520 millimètres.

Nous ne dirons rien de la quantité de rivières et de routes que le canal traverse, des ponts, des ponts-aquéducs, des épanchoirs et des déversoirs qu'on a été obligé de pratiquer sur une infinité de points, le détail en serait trop considérable pour être donné ici.

Nous regrettons de ne pouvoir donner également la description des ouvrages les plus remarquables et les plus dignes de fixer l'attention des voyageurs; les bornes d'une notice ne nous permettent que de les indiquer.

Ces ouvrages sont,

1.º L'écluse ronde, près d'Agde;

2.º La traversée du torrent de Libron, près de Vias, à 6 kilomètres de l'écluse ronde;

3.º La digue mobile sur la rivière d'Orbe, sous Béziers;

4.º L'écluse octuple de *Foncarane*, vis-à-vis Béziers;

5.º La montagne percée d'*Enserune* ou *Malpas*, à 8 kilomètres et demi à l'ouest de l'écluse de *Foncerane*;

6.º Le grand pont-aquéduc sur la rivière de Cesse, à 2 kilomètres à l'est de l'auberge et des bureaux du *Somail*;

7.º Le pont-aquéduc de *Repudre*, en fer à cheval, situé entre *Ventenac* et *Paraza*;

8.º Le pont-aquéduc d'*Orbiel*, près et à l'ouest de *Trèbes*;

9.º Les épanchoirs et les déversoirs de la rivière de *Fresquel*;

10.º Le magnifique pont aqueduc de *Fresquel*;

11.º Le joli bassin formant le port de Carcassonne;

12.º L'énorme excavation faite pour établir la nouvelle partie du canal qui passe par Carcassonne;

13.º L'aqueduc à syphon, et cependant à trois arches, sur la petite rivière de Treboul, à environ 6 kilomètres à l'est de Castelnaudary;

14.º La quadruple écluse de Saint-Roch à Castelnaudary, et le bassin qui est sous la même ville;

15.º Le bassin et autres ouvrages du point de partage de *Naurouse*, situé à 13 kilomètres et demi à l'ouest de Castelnaudary;

16.º Le pont-aqueduc sur la rivière de *Lersmort*, près de Villefranche;

17.º Les ouvrages de l'embouchure du canal dans la Garonne, ceux de sculpture au confluent de la branche du canal qui vient de la ville de Toulouse, avec le Canal du Midi, non loin de l'embouchure de celui-ci dans la Garonne;

18.º Cette branche de canal venant de Toulouse, dérivée de la Garonne au-dessous de la chaussée du moulin du *Bazacle*;

19.º Enfin, les ouvrages de la Montagne-Noire, les réservoirs de *Saint-Féréol* et *Lampy*, la voûte des *Cammazes*, les rigoles et les prises d'eau qui sont sur cette montagne et dans la plaine.

Il y a sur le canal environ 300 barques marchandes occupées aux divers transports, toutes appartenant à des particuliers.

Un coche, appelé *Bateau de Poste*, appartenant au Gouvernement, destiné au transport des voyageurs et de leurs effets, passe et repasse tous les jours sur tous les points de la ligne navigable depuis Adge jusqu'à Toulouse, et depuis Toulouse jusqu'à Agde.

« La navigation sur ce canal est interrompue
» chaque année, dans les mois d'Août et Sep-
» tembre, entre la foire de Beaucaire et celle
» de Bordeaux, parce qu'on emploie ce temps
» à nettoyer toutes les parties qui en ont besoin,
» et à réparer les ravages qu'ont occasionnés les
» pluies, les débordemens et le temps. D'après
» de nouvelles dispositions dues à M. l'ingé-
» nieur en chef, directeur de ce canal, les
» chômages annuels viennent d'être réduits à
» des chômages triennaux, qui ne peuvent man-
» quer de procurer de très grands avantages
» à la navigation des barques et au fisc du
» canal. »

THÉATRE DE TOULOUSE.

Il y a quarante ans environ, Toulouse possédait deux Salles de Spectacle, ayant chacune une troupe indépendante, qui ne tardèrent pas à se nuire réciproquement. A cette époque, le théâtre n'était guère fréquenté que par la haute classe de la société et par les étudians, qui affluaient à Toulouse de tous les points de la France. Un si petit nombre de spectateurs ne suffisant pas pour soutenir les deux théâtres, les artistes qui les composaient se réunirent pour ne former qu'une seule troupe. L'ancien théâtre du Capitole fut abandonné pour celui que l'on avait construit dans l'ancien collége Saint-Martial, et beaucoup de nos lecteurs se rappelleront, sans doute, qu'une des entrées de cette salle avait été l'une des portes de l'église. Cette salle était trop petite pour la population ; ses décorations détestables et sa mauvaise distribution la rendaient plus propre à une grange qu'à un théâtre. Toutes ces considérations décidèrent la ville à faire construire, en 1818, une salle plus convenable ; mais par une fatalité, qui s'attache souvent aux entreprises de Toulouse, elle coûta fort cher, fut laide et mal placée. C'est celle qui existe aujourd'hui dans l'aile gauche du Capitole; elle a quatre rangs de loges et contient 18 à 1900 personnes.

L'histoire de notre théâtre, avant l'époque que nous venons de signaler, nous est entièrement inconnue. Quoiqu'elle ne nous offre sans doute que très peu d'intérêt, il est un fait bien digne de fixer l'attention, et qui mériterait d'être éclairci, car aucun historien de notre cité ne l'a mentionné, c'est le passage de Molière à Toulouse. L'auteur d'une comédie en un acte et en vers, intitulée : *Molière à Toulouse*, assure, dans sa préface, que l'illustre poète, *muni d'un privilége du roi, séjourna dans cette ville, en 1646, pour y faire*, ajoute-t-il, *ses premières armes*. Il serait d'autant plus curieux de vérifier ce fait, que les biographes modernes, en parlant du séjour que Molière fit dans les paincipales villes de France ont bien mentionné Lyon, Beziers, Bordeaux, mais ont oublié Toulouse dans cette énumératon. Que l'on ne traite pas de futile l'observation que nous venons de faire. Tout, dans la vie d'un homme comme Molière, ne doit-il pas nous intéresser ? Quel est l'homme de lettres qui ne voudrait pouvoir suivre pas à pas le génie du *Plaute* français, et assister, pour ainsi dire, à l'aurore de sa brillante carrière !

Le Théâtre de Toulouse a subi, comme tous ceux de France, les vicissitudes de l'art dramatique ; comme tous, il a successivement abandonné les chefs-d'œuvre classiques pour représenter les œuvres du romantisme ; mais ce qu'il a toujours et fidèlement conservé, c'est l'opéra. Le goût prononcé de la musique, qui règne dans toutes les classes des Toulousains, a toujours forcé les directeurs à se pourvoir de bons chanteurs. Malheur à ceux qui voulaient lésiner en présentant des sujets médiocres ! ils ne tardaient pas à se repentir de leur cupidité! Aujourd'hui M. Duval a su satisfaire le goût prédominant du public ; sa troupe d'artistes laisse, dit-on, peu de choses à désirer ; car au moment où nous écrivons ces lignes, elle se renouvelle presqu'en entier. MM. Lafeuillade et Rey, que nous conservons, sont trop connus, pour avoir besoin d'éloges ; et il suffit de les avoir entendus dans *Robert le Diable* pour apprécier leur mérite. Parmi ceux dont les noms sont parvenus jusqu'à nous, on cite : MM. Auzet, pour les rôles de Philippe; Moker, pour ceux de Martin ; Alexandre, pour les premiers rôles dans le drame, et Berthault, pour les premiers comiques : ce dernier est une vieille connaissance pour les habitués du théâtre, et nous osons croire qu'on l'y reverra avec plaisir. Sa fille, Mlle Julie Berthault, est désignée comme devant remplir les premières chanteuses à roulade; cette jeune et jolie actrice, élève du Conservatoire, emporte de Rouen, d'où elle vient, les regrets des dilettanti normands. Le drame moderne sera dignement représenté par Mmes Jolly et Eugène-Beaupré, dans les rôles de femmes ; le succès récent d'*Angèle*, sur notre scène, leur est dû en grande partie.

La ville donne la salle au directeur, avec une subvention de 25,000 fr. par an. Il y a quelque différence entre ce marché et celui qui fut conclu en 1819. Le directeur donna

12,000 fr. de location ; l'année suivante, cette location fut réduite à 4,000 fr., et deux ans après, elle cessa tout-à-fait. D'où vient ce changement? Il tient à l'augmentation énorme qui s'est opérée dans les émolumens des artistes. Quand on songe qu'un premier tenor coûte 18,000 fr. à Toulouse; qu'une première chanteuse y est payée 14,000 fr., et qu'il est extrêment difficile de s'en procurer, même à ce prix, on se demande si l'art tombe, et s'il n'existe plus d'élèves au Conservatoire.

POÏKILORGUE.

MM. Cavaillé père et fils ont inventé un nouvel instrument à clavier, de l'étendue de six octaves, sur lequel on peut filer des son comme sur le violon, exprimer les modulations du basson et du haut-bois, rivaliser avec les sons de la flûte, passer du *pianissimò* au *fortissimò* d'une manière continue, et rendre ainsi toutes les nuances indiquées par l'art musical. Ce qui frappe surtout dans cet instrument, est la difficulté vaincue de rendre les *crescendo* et les *smorscendo*. M. Rossini, qui l'a entendu, a été frappé de cette circonstance, et a écouté avec un intérêt bien marqué les sons expressifs qui s'échappaient du poïkilorgue (nom donné à cet instrument), et les accords harmonieux qui résultaient de son ingénieuse coordination. Le poïkilorgue est aujourd'hui très connu à Toulouse. On en joue dans chaque représentation de *Robert le Diable*, aux 4ᵉ et 5ᵉ actes.

MM. Cavaillé ont recueilli le fruit de leurs travaux; leur réputation est parvenue jusqu'à la capitale; le gouvernement les a chargés de réparations et de constructions d'orgues à l'église royale de Saint-Denis. L'Italie s'est aussi rendue tributaire de leurs talens. Il est glorieux pour Toulouse d'avoir donné naissance à une famille si remarquable.

JOURNAUX POLITIQUES

DU DÉPARTEMENT DE LA HAUTE-GARONNE, ET AUTRES ÉCRITS PÉRIODIQUES.

Les départemens du Midi s'appuient, dans leur développement moral, sur un point qui leur prête force et leur donne une direction. Ce point, c'est Toulouse. Soit position géographique, soit habitude de vieille domination, son influence intellectuelle va beaucoup plus loin que son territoire; et cette action, qu'il est plus facile de constater que d'expliquer, dépasse de bien loin celle des villes plus importantes et plus riches de moyens matériels, comme Bordeaux et Marseille.

Il y a trois journaux politiques à Toulouse : il n'y en avait que deux en 1828, et cet accroisment correspond à une augmentation de vie politique, développée dans les départemens méridionaux par les travaux parlementaires, et surtout par la forte secousse imprimée par la révolution de 1830.

Le JOURNAL POLITIQUE DE TOULOUSE, le plus ancien de tous, est rédigé dans un esprit conforme aux idées de la Charte de 1830. On s'abonne chez MM. MARTEGOUTE et comp^e, libraires, rue Saint-Rome, 46. Le gérant habituel de ce journal est M. MEILHAC.

La FRANCE MÉRIDIONALE, créée en 1827, plus démocratique que le *Journal Politique*, s'est associée par ses théories au système gouvernemental du moment. On souscrit à ce journal chez M. HÉNAULT, imprimeur-libraire, rue Saint-Rome, 7, et gérant responsable.

La GAZETTE DU LANGUEDOC représente à Toulouse les idées et les intérêts légitimistes ; ce journal a été créé depuis environ trois ans. On s'y abonne chez M. SENS, imprimeur, près des Hauts-Murats. M. ROCHE en est le gérant.

Ces trois journaux paraissent tous les deux jours. Le prix de l'abonnement est le même pour tous; il est fixé, *pour Toulouse*, à 30 fr. pour un an; 16 fr. pour six mois; et 8 fr. 50 c. pour trois mois. — *Au dehors*, à 32 fr. — 17 fr. — 9 fr. — *Pour l'étranger*, 40 fr., 21 fr., et 11 fr.

OUVRAGES PÉRIODIQUES.

Journaux, Revues, Feuilles d'Annonces, Littéraires, Scientifiques, Religieux, d'Agriculture, de Commerce, d'Economie domestique ou rurale, qui s'impriment à Toulouse.

LITTÉRATURE DU MIDI.

Revue du Midi.

La première livraison de ce recueil, qui vient de paraître, fait espérer que le but que s'est proposé l'éditeur sera pleinement atteint. Ouvrir une tribune à des compositions originales, comme à des articles critiques; à des spéculations philosophiques, comme à des discussions commerciales; à des théories toutes de sciences, comme à la description de nouveaux procédés agricoles; faire un appel aux spécialités pour garantir le nombre, le choix et la variété des matières ; renfermer dans chaque numéro un examen de productions dramatiques, des publications récentes, des voyages, des entreprises industrielles, etc., tant en France qu'à l'étranger ; donner surtout à cette *Revue* un caractère essentiellement méridional, telles sont les promesses du Prospectus, telles sont les espérances qu'on doit concevoir des hommes remarquables qui concourent à la puplicité de la REVUE DU MIDI.

Conditions de l'abonnement.

La Revue du Midi paraît tous les mois par livraison : chaque trimestre forme un volume d'environ 400 pages, format grand in-8º.

On s'abonne à Toulouse, chez Paya, l'éditeur, rue Croix-Baraignon, hôtel Castellane, et chez les divers libraires de la ville.

Le prix de l'abonnement est de 25 fr. pour l'année, 13 fr. pour un semestre et 7 fr. pour un trimestre.

Et *franc de port* pour les départemens, 30 fr. l'année ; 15 fr. 50 c. les six mois, et 8 fr. 25 c. les trois mois.

Jurisprudence.

Le *Mémorial de Jurisprudence* des cours royales de France, par MM. Tajan et Curie-

Seimbres, avocats près la cour royale de Toulouse.

Ce recueil atteint déjà son vingt-cinquième volume. Il se publie par livraisons mensuelles de 6 feuilles in-8º (96 pages).

Le prix de l'abonnement est de 15 fr. pour l'année.

On souscrit au *Mémorial*, chez MM. Rimalho et Rivals, rue Matabiau, 35, à Toulouse.

Agriculture du Midi.

Journal des Propriétaires ruraux pour le Midi de la France, rédigé par des membres de la société royale d'agriculture de Toulouse.

Ce journal paraît une fois le mois. Le prix est de 5 fr. par année, *franc de port*. On s'abonne chez J. M. Douladoure, imprimeur-libraire, rue Saint-Rome, 41, à Toulouse.

Économie rurale, domestique, industrielle et des Arts.

Recueil des découvertes utiles, ce recueil, qui est un dépôt précieux de tout ce qui tend à améliorer la condition de l'homme dans son existence privée, et qui peut accroître son bien-être sur tous les moyens de prolonger son existence et de soulager ses infirmités, est publié par feuilles détachées et numérotées, à des époques indéterminées.

Le dernier numéro de l'année est terminé par une table générale des matières.

Le prix de la souscription, *franc de port*, est de 4 fr.

On souscrit à Toulouse, chez Rivals père, éditeur, rue Matabiau, n.º 29.

Commerce.

La Clochette de la Haute-Garonne, journal commercial, historique, de découvertes utiles, d'annonces judiciaires et avis divers, avec un feuilleton dramatique, poésie et modes.

Le prix de l'abonnement est de 9 fr. par an, 5 fr. pour 6 mois, 3 fr. pour 3 mois.

On s'abonne à Toulouse, chez Rivals père, éditeur, rue Matabiau, n.º 29.

Religion.

L'Abeille Chrétienne, journal ecclésiastique destiné à faire connaître tout ce qui peut intéresser le clergé et les amis de la religion.

Ce journal est publié par livraisons de trois feuilles d'impression (48 pages in-8.º), ou trois fois par mois, en une feuille de 16 pages.

Le prix de la souscription *annuelle* est de 10 fr. pour six mois.

On souscrit à Toulouse, chez Rivals père, rue Matabiau, n.º 29.

IMPRIMERIES, LITHOGRAPHIES, LIBRAIRIES ET SALONS LITTÉRAIRES.

IMPRIMERIES DE TOULOUSE.

Messieurs,

Bellegarrigue, *rue des Filatiers*.
Bénichet (veuve), *rue Fourbastard*.
Bénichet aîné, *rue de la Pomme*.
Caunes, *rue des Tourneurs*.
Corne, *rue Parguminières*, et librairie.
Manavit, *rue Saint-Rome*, imprimeur de la Revue littéraire du Midi.
Vieusseux (veuve), *rue Saint-Rome*, propriétaire du *Journal Littéraire et Politique* de la Haute-Garonne, et librairie.
Douladoure (J.-M), *rue Saint-Rome*, et librairie.
Hénault (Augustin), *rue Saint-Rome*, éditeur du journal la *France Méridionale*, et librairie.
Sans, *rue Viguerie*, imprimeur du journal la *Gazette du Midi*.
Tislet (veuve), *rue des Bœufs*.

IMPRIMEURS LITHOGRAPHES A TOULOUSE.

Messieurs,

Mercadier aîné, *rue des Filatiers*, et graveur en lettres, cachets, etc.

Mercadier jeune, *rue des Filatiers*, et graveur en lettres, etc.

Koch et Cadaux, *place de la Trinité*. Le commerce, les arts et le barreau accordent à cet établissement, dont la réputation est bien motivée, tout l'intérêt qu'il mérite ; c'est le plus estimé de la province.

LIBRAIRES DE TOULOUSE.

Messieurs,

Bonnefoy, *rue des Arts.*
Cassé, *rue des Arts.*
Dagalier, *rue de la Pomme*, 71, éditeur de l'*Annuaire du Département.*
Devers, *rue Saint-Rome.*
Delboy fils, *rue de la Pomme.*
Douladoure (J. M.), *rue Saint-Rome.*
Douladoure (J. F.), *rue Saint-Rome.*
Galon-Fatou, *rue Saint-Rome.*
Gimet, *sur la place du Capitole.*
Lacroix, *rue de la Pomme.*
Martegoute et comp^e, *rue Saint-Rome*, éditeur du Journal de la Haute-Garonne.
Paya, *rue Croix-Baragnon*, 9.
Prunet, *rue des Chapeliers*, et relieur et abonnement de journaux.
Rey frères, *place du Capitole.*
Senac, *place Rouaix.*
Vieusseux cadet, *rue de la Pomme.*
Vitrac, *rue des Arts.*

SALONS LITTÉRAIRES A TOULOUSE, ET ABONNEMENS A LA LECTURE.

Les demoiselles Alquier sœurs, *rue de la Pomme*, 74; lectures de journaux, nouveautés littéraires et politiques, et tous les genres de littérature.

Mademoiselle Lidia Alquier, *rue Saint-Rome*, 21; même genre que le premier.

M. Franjou, *rue de la Pomme*, 66; même genre que dessus.

IMPRIMERIES ET LIBRAIRIES

DANS LES ARRONDISSEMENS.

M. Tajan, imprimeur, *à Saint-Gaudens.*
M. Adadie, libraire, *idem.*
Les demoiselles Molles, libraires, *à Revel.*
M. Darolles, libraire, *à Montréjeau.*
M. Rivals fils, imprimeur-libraire, *à Muret.*

PENSIONNATS ET MAISONS D'ÉDUCATION
POUR LES JEUNES GENS.

	Pension entière.	Demi-pension.
Ecole François I.er, dirigée par M. Galaup, *rue Nazareth*, 39, par an.	700	350
Le prix de l'externat est de 100 fr. pour les élèves de la classe primaire, de 120 fr. pour les études préparatoires, et de 150 fr. pour les études systématiques		
Pension Esquerré, dirigée par M. Esquerré, avocat, *rue des Bœufs et place Saint-Georges*. . .	330	120
Ecole Saint-Charlemagne, dirigée par M. Dupuy, *rue Saint-Remésy*, 28; (plus 6 fr. par mois par abonnement pour les accessoires; les externes paient 120 fr.)	600	300
Ecole Saint-Raymond, dirigée par M. G. Pech, *rue des Balances*, 25, par an, en sus un abonnement de 60 fr. pour les accessoires, 30 fr. pour les droits universitaires et 30 fr. pour la rétribution du Collége-Royal.	600	330
Ecole Saint-Étienne, *rue Pharaon*, 42.	700	400

Le prix de l'externat est de. . . . 200
Ecole Marcouyre, dirigée par M. Marcouyre, *rue Vinaigre*, 21 *et place Saint-Georges*. . 560
Demi-pension, par mois, le prix pour. 35
Ecole Rollin, dirigée par M. Capella, licencié en droit, *rue Gourmande*, 2 (les externes 60 fr.) 600 300
Dans ce prix sont comprises les fournitures de papier, plumes, encre et les leçons de langue anglaise.
Ecole dirigée par M. Toussaint, *rue du Taur*, professeur d'écriture, de langue française, d'orthographe, de calculs appliqués au commerce, et la tenue des livres en toutes ses parties.

Le fond de l'instruction donnée aux jeunes gens confiés à ces pensions, est toujours la religion et la morale ; la lecture, l'écriture, les langues française, grecque et latine ; la géographie, l'histoire et la chronologie ; la rhétorique, l'éloquence et la philosophie dans les principales ; l'arithmétique, l'algèbre et la géométrie dans la plupart, et les langues étrangères, anglaise, italienne, et espagnole ; les arts du dessin, de la danse et de l'escrime. Chacune de ces maisons a son propectus que l'on pourra consulter.

PENSIONNATS ET MAISONS D'ÉDUCATION
POUR LES JEUNES DEMOISELLES.

	Pension entière.	Demi-pension.
Madame Adélaïde Calais, *hôtel*.		
Madame Benoît, *rue Sainte-Anne*. Pension entière.	600	
Mesdames Beryer, *rue Donne-Coraille*, 1.	560	

Mademoiselle Raymond, *rue Saint-Jacques*, 5, *à l'issue de celle de Sainte-Anne*; le prix est convenu de gré à gré.

Mademoiselle Pouzols, *rue des Gestes*; prix de gré à gré.

Mademoiselle Flages, *rue de la Pomme*, idem.

Dames Couzier, mère et fille, *hôtel de Puntis, rue Merlane*, 5.

Mademoiselle Ramond, *rue Saint-Jacques*, 1.

Mesdemoiselles Mazens, *rue Royale*.

Mademoiselle Besse, *rue du Mai*.

Mesdames Sainte-Marie, *rue Sainte-Anne*.

Madame Cardes, *place de la Visitation*.

Mademoiselle Destrem, *rue Sainte-Anne*.

Madame Saget, *rue Saint-Aubin*.

Mademoiselle Clément, *Maletache*.

Mesdames Escoubé, *rue de la Pomme*, 5.

Le fonds de l'instruction donnée aux jeunes personnes confiées aux soins de ces dames, est toujours la religion et la morale chrétienne pour toutes, et la grammaire, l'écriture, l'orthographe, le calcul, les élémens de géographie et d'histoire. Dans les principales, on ajoute des leçons d'analyse grammaticale de prononciation, etc.; les arts d'agrément, le dessin, la musique et la danse. Dans toutes on exerce les élèves aux divers ouvrages convenables à leur sexe.

Chacune de ces maisons publie un prospectus que l'on pourra consulter.

ASSOCIATION DES BONNES MÉTHODES.

Union de lumières et d'expérience pour hâter le perfectionnement et l'émancipation de l'enseignement classique;

Propagation des Bonnes Méthodes;

Encouragement aux simplifications utiles;

Appui et secours au talent méconnu;

Renoncement formel à toute manifestation de couleur politique;

Mais adhésion ferme et active aux doctrines généreuses et morales, fondement et sauve-garde de la patrie et de la société.

Tels sont les principes d'une association paisible, qui, ouvrant son sein à toutes les capacités, n'a qu'un but, celui d'être utile, et qu'un désir, celui de contribuer, pour sa part, au bonheur et à la prospérité de son pays.

Comité Toulousain.

MM. G. Ch. et J. J. Vert frères, associés correspondans.
M. Sahatié, associé.
M. Peluchenaud, aspirant.

Cours particulier d'Initiation.

1º Cours de langue grecque (en 40 leçons);

2º Cours des langues française, romaïque, italienne, etc.;

3º Cours d'enseignement et de professorat pour toutes les sections de littérature et de grammaire;

4º Cours de grammaire générale et de géographie historique, etc.

Rue Donne-Coraille, 24.

BULLETIN D'HISTOIRE NATURELLE DE FRANCE, publié par M. N. BOUBÉE, de Toulouse.

C'est dans ce recueil que M. Boubée fait connaître tous les travaux des naturalistes sur le sol français, et toutes les découvertes et observations que ses propres voyages dans les Pyrénées lui permettent de faire annuellement. Ce recueil intéresse donc spécialement le Midi de la France pour la statistique, pour l'agriculture, pour les mines, pour les marbres, et pour toutes les applications industrielles des sciences géologiques. On sait, et l'on peut en juger par sa *Géologie élémentaire appliquée à l'agriculture et à l'industrie*, que M. Boubée s'attache partout à rechercher les applications utiles de la science, et a les propager dans ses écrits.

Le *Bulletin d'histoire naturelle de France* est maintenant à sa deuxième année. La première année forme 2 vol. in-18. On les trouve, ainsi que les autres ouvrages de M. Boubée, à la Librairie Universelle de Dagalier : prix, 10 f. avec les planches coloriées, ou 7 f. 50 c. non coloriées. — La *deuxième année* formera

6 vol. en 12 livraisons, avec planches et *portraits* de naturalistes français, par M. Boilly. Prix d'abonnement, 16 fr., ou 21 fr. avec les planches coloriées et les portraits sur papier de Chine.

PROMENADES DANS LES PYRÉNÉES, *pour l'étude de l'histoire naturelle et de la géologie, mises à la portée des gens du monde*, par M. *Nérée Boubée*, professeur à Paris. — Trois livraisons par an, avec *planches*, *vues*, etc. Prix, 6 fr. (franc de port).

RECUEIL D'ITINÉRAIRES ET DE NOUVEAUX GISEMENS EN FRANCE, *pour toutes les parties de l'histoire naturelle*, par le même. Huit livraisons par an, avec planches. Prix, 7 fr. (franc de port).

Le but de ce journal est d'assurer aux naturalistes des départemens la priorité pour leurs moindres découvertes, en les annonçant immédiatement.

C'est dans ce journal que M. Boubée fait connaître les découvertes que ses voyages lui permettent de faire annuellement. Ces voyages étant principalement dirigés dans les Pyrénées et dans le midi de la France, on trouve dans ce recueil plusieurs indications sur notre département qui n'étaient nullement connues. En outre, l'auteur y publie les découvertes des divers naturalistes et industriels résidans dans chaque localité. Il y a une section consacrée spécialement aux découvertes d'*utilité industrielle*, où sont signalés tous les nouveaux gisemens de matières susceptibles d'exploitation.

SECONDE PARTIE.

COMMERCE ET INDUSTRIE

DU DÉPARTEMENT DE LA HAUTE-GARONNE EN GÉNÉRAL, ET EN PARTICULIER DE LA VILLE DE TOULOUSE ET DES CHEFS-LIEUX D'ARRONDISSEMENT.

Le département de la Haute-Garonne est fécond en denrées de toute espèce : arrosé par un grand fleuve, plusieurs rivières navigables, et par un canal qui non-seulement favorise l'échange de celles de l'ancien et du nouveau monde, voisin d'une nation riche en matières propres à exercer l'industrie; enfin, habité par un peuple d'un caractère ardent, d'un esprit vif, pénétrant et délié, un tel pays doit, ce semble, présenter le tableau de tous les bienfaits de la nature mis en œuvre, et développés par l'intelligence et l'activité humaine.

L'heureuse position de Toulouse semble inviter les habitans à se livrer aux spéculations et aux entreprises les plus hardies et les plus lucratives.

La frontière espagnole, et une grande partie des contrées qui s'étendent de Bordeaux à Lyon, et de cette ville à Marseille, sont pour Toulouse un vaste marché où elle fait passer les denrées du Nord, et où elle achète pour le Nord les denrées du Midi. Les blés, les laines, les savons, les huiles, sont les objets principaux de spéculation.

On peut évaluer le commerce du blé à un million d'hectolitres par année, et la circulation qu'il produit, à dix millions de francs. Cette masse de productions est fournie par une partie de la ci-devant Gascogne, et par les départemens de l'Ariège, du Tarn et du Lot.

Six minoteries fournissent annuellement au commerce cent quarante mille hectolitres de grains convertis en minots. L'on doit à l'influence de ce nouveau genre d'industrie, l'introduction de plusieurs variétés de blés, un soin plus particulier dans le choix des semences, l'amélioration des instrumens propres à nettoyer le blé, et un blutage plus parfait des farines, et tandis que ces manipulations occupent de nombreux ouvriers, la conservation dans le pays des basses matières, donne le moyen aux cultivateurs de faire des nourrissages de bestiaux plus économiques. On doit à M. Linières, négociant, d'avoir le premier fait réussir, à Toulouse, cette branche de commerce si importante.

M. Lignières, après des essais couronnés d'heureux résultats, a formé un établissement, au moyen duquel il envoie à nos colonies des Antilles des farines de maïs, susceptibles d'une longue conservation.

Les laines fines formaient autrefois une branche de commerce très-considérable. Toulouse envoyait les laines supérieures d'Espagne, à Louviers, Sédan, Elbœuf, etc. Aujourd'hui toutes ces villes tirent directement celles qu'elles emploient.

Les laines qui sont maintenant l'objet des spéculations, sont de qualité communes (1); on les tire du pays même, et d'une partie de l'Espagne. Leur quantité peut être évaluée à 15,000 quintaux de 5 myriagrammes chacun.

Le commerce des draperies (2) dans le Midi

---

(1) L'exposition de 1827 et celle de 1829, ont signalé des progrès importans et nombreux apportés par des travaux récens; l'amélioration des laines est devenue l'objet d'établissemens considérables; espérons que bientôt le Midi reprendra sa supériorité, ou tout au moins pourra rivaliser avec ceux du Nord.

Les établissemens de MM. Clauzel et Arnaud, de Mirepoix (Ariège), Maurel et Picot Lapeyrouse, de Toulouse (Haute-Garonne), ont exposé des produits qui donnent les plus belles espérances.

(2) Cette branche d'industrie depuis la paix de 1815, est celle qui a fait le plus de progrès dans le Midi; les draps croisés forts, dits cuirlaines, les draps légers, lisses ou croisés, appelés *Zéphirs* ou *Amazones*, ont offert à la consommation un nouvel attrait et un nouvel aliment. Cette draperie légère, que le Nord cherche à nous enlever, est principalement recherchée pour l'exportation; elle compose la meilleure partie de nos expéditions dans le Levant, où elles ont à soutenir la concurrence de l'industrie britannique, qui nous avait, pendant les dernières guerres, entièrement supplantés dans ces contrées; mais les fabricans du Midi sont rentrés dans la lutte, et il est permis d'espérer que leurs produits seront préférés; car la draperie anglaise n'a qu'un éclat passager, tandis que la nôtre joint à l'éclat la force et la durée.

était autrefois presque exclusivement celui des négocians de Toulouse ; mais pendant la révolution, de nouvelles relations se sont établies, les fabriques ont expédié directement pour les divers lieux de consommation ; il en résulté pour cette ville des pertes irréparables.

Les draps fins que Toulouse tire des fabriques de Louviers, de Sédan, d'Elbeuf et de la Belgique, sont revendus dans les départemens voisins, et la quantité qui suffit à cette consommation n'excède pas 600 pièces.

Les draps communs se tirent exclusivement des fabriques du Midi, on en expédie mille à douze cents pièces pour les départemens de l'intérieur.

Les draps à poil, et seulement tissus, se tirent des fabriques de Saint-Gaudens, Valentine, Miramont, Saint-Martory, Cazères, Salies, Carbonne, Saint-Félix, Montesquieu, etc. Ce sont des razes, cadix forts, Barraquets, Burats et Droguets.

La quantité qui s'en fabrique dans le département, peut s'évaluer à 25,000 pièces de toute espèce et de toute largeur, dont la valeur peut s'estimer à 1,500,000 fr.

Les produits du commerce des huiles éprouvent des variations continuelles dans les différentes contrées d'où on les tire ; on croit s'approcher de la vérité, en évaluant le commerce que fait la ville de Toulouse, année commune, à 6000 à 7000 barriques huiles d'olives, et à 10,000 à 12,000 de graines en général, colza, lin ou noix de 10 quintaux chacune, ou 50 myriagrammes.

Le mouvement du commerce des savons est, année commune, de 20,000 caisses, du poids de 20 myriagrammes chacune : cette marchandise est tirée de Marseille; elle est transportée jusqu'à Toulouse par le canal du Languedoc, et jusqu'à Bordeaux par la Garonne; des rouliers la voiturent ensuite jusqu'à sa destination.

Toulouse a l'entrepôt du fer qui se fabrique dans le département de l'Ariège. La quantité qu'elle en reçoit se porte environ à 50,000 quintaux de fer brut. Il est d'une qualité égale à celle des meilleurs fers d'Espagne et de Suède, et on en peut tirer d'excellent acier ; elle en reçoit aussi du département de l'Aude, mais dont la moitié est d'une qualité inférieure.

Toulouse possède, depuis 1817, un des établissemens les plus importans qui existent en France; c'est l'aciérie de MM. Garrigou et Massenet.

Jusqu'en 1816, la France était encore tributaire de l'Allemagne pour ce genre de produit. Il ne s'y en importait jusqu'alors pas moins de 12,000 quintaux métriques. Aujourd'hui MM. Garrigou et Massenet en fabriquent 8000 quintaux, c'est-à-dire, les deux tiers de cette quantité. En 1817, on tirait de l'étranger 250,000 kilogrammes de limes; maintenant on en fait à Toulouse 80,000.

Cette usine sera bien plus importante encore pour la fabrication des faux, de cet objet de première nécessité dans le plus nécessaire des arts, celui de l'agriculture.

Il se consomme annuellement en France 600,000 faux. En 1815, on n'y en fabriquait pas 30,000; dès 1817 l'aciérie de Toulouse en a fait 25,483. Depuis, en 1829, il s'en est fait plus de 120,000, et les constructions que la compagnie exécute en ce moment, soit ici, soit sur le Tarn, ont pour objet de porter ce nombre à 300,000.

Quant à la bonne qualité des produits, elle est constatée par une expérience de quinze années, qui a fixé l'opinion publique à cet égard, et permet de dire que les aciers de Toulouse sont généralement bons, les étoffes très-bonnes, les faux pareilles à celles de Styrie.

Le nombre d'ouvriers occupés à Toulouse, s'élève à plus de 300. Parmi les avantages qu'a procuré cet établissement, le plus important c'est d'avoir fait baisser le prix de l'acier et celui des faux. L'importance de cette usine, dont les produits s'élèvent à plus d'un million de francs par année, est d'autant plus remarquable, que de 1800 à 1815, il s'était établi en France, et à diverses reprises, plusieurs fabriques de faux qui n'avaient pu se maintenir; en sorte qu'il était presque passé en fait qu'elles ne pouvaient s'établir parmi nous, et cependant celle de M. Garrigou se soutient, et elle est arrivée à un point où son existence est aussi assurée que celle de tout autre établissement. Nous ne parlerons pas ici des usines mêmes, et de ce qu'elles présentent de remarquable, notamment celle construite au Saut du Sabot, et presque au milieu du lit du Tarn; la singularité du local, la grandeur et la solidité des murs de défense, la belle disposition de ses parties, disposition à laquelle M. d'Aubuisson de Voisins, ingénieur en chef des mines, et M. Abadie, mécanicien, ont puissamment contribué, en font une des plus magnifiques usines de France.

Le cuivre se tire d'Espagne, ou brut ou raffiné; il vient du Mexique; on ne l'emploie à Toulouse que pour batterie de cuisine. Les chaudronniers du pays le font fabriquer à Durfort près Sorèze.

Le commerce de la quaincaillerie et mercerie est considérable à Toulouse. Les objets dont il se compose, au nombre d'environ 3,000 articles, se tirent directement du Nuremberg, d'Altona, d'Erbel, de Venise, de Borghette, et des différentes fabriques de France.

Depuis la révolution, le nombre des amidonneries a beaucoup diminué; il est présentement réduit à sept, qui fournissent à plusieurs départemens environnans.

Plusieurs teintureries pour draperies sont établies à l'île de Tounis.

Les étoffes qui y reçoivent la teinture sont des ratines de Montauban, des cadix de cette même ville, de Saint-Afrique, de Cazères, de Montréjeau, des couvertures de laine fabriquées à Toulouse, des sergettes de Mende, des draps de Lodève, des burats, des étamines de Montréjeau, Miramont, etc.

La teinture d'une pièce d'étoffe du poids de 40 livres, coûte 14 ou 15 fr. On conjecture que l'eau de la Garonne est favorable à la couleur rouge, parce que la teinture écarlate des fabriques de Tounis est la meilleure.

Depuis un petit nombre d'années, la chapellerie a fait des progrès remarquables à Toulouse, quoique les fabricans aient de grands obstacles à vaincre pour lutter avec les fabriques du nord et de l'est de la France.

Tous les articles de chapellerie sont confectionnés à Toulouse. Les chapeaux mi-poil, objet principal du commerce de chapellerie à Toulouse, y ont même acquis un degré de perfection qui permet de soutenir la concurrence avec les meilleures fabriques du royaume.

Il y a dans tout le département 25 tanneries, dont 10 à Toulouse.

La ferblanterie a pris depuis vingt ans un grand accroissement; elle se fait ici avec assez de perfection.

Toulouse a vingt ferblantiers qui fournissent beaucoup de départemens voisins, et généralement toutes les villes du Languedoc.

Il y a à Toulouse et dans le département 5 fabriques de couvertures de laine, et 4 de coton et de molletons, et couvertures de coton.

Les ouvrages de menuiserie et des arts mécaniques qui exigent de la délicatesse, du goût et des proportions difficiles à saisir, s'exécutent très-bien à Toulouse.

Les métiers pour l'industrie et les arts sont aussi très-bien fabriqués, et la mécanique en est bien conçue et bien exécutée.

Les arts et métiers sont en général aussi perfectionnés que dans les autres grandes villes du Midi; on doit cet avantage au zèle des professeurs et maîtres de dessin qui, tous les jours, donnent des leçons gratuites dans une école, établie par l'administration municipale, à 150 ou 200 ouvriers en menuiserie, ébénisterie, orfévrerie, etc.

Les estimables artisans qui emploient à cette étude les loisirs de leurs soirées, méritent sans doute bien d'en être récompensés par le succès; mais l'administration qui a fondé cette école a bien aussi quelques droits à la reconnaissance publique.

L'esprit et les mœurs des négocians sont favorables à l'accroissement du commerce; un genre de vie uniforme et simple, de l'économie, peu d'ostentation, de l'éloignement, même pour le faste, beaucoup de prudence dans leurs spéculations, ne se laissant pas trop séduire par l'apparence flatteuse d'une entreprise hasardeuse, beaucoup d'exactitude et de régularité, voilà ce qui distingue le négociant de Toulouse.

SOIE.

ÉDUCATION DES VERS A SOIE ET SÉTIFÈRE.

En consultant les registres de nos douanes, on voit que l'importation en France des cocons, bourres, soie grèges et moulinées, s'élève annuellement à 70,000,000 de fr. On peut se convaincre par là combien nos ressources nationales sont encore loin de suffire aux besoins de nos manufactures, et que ce serait un des plus intéressans objets d'économie rurale, un des plus productifs, comme un des plus utiles débouchés de l'industrie manufacturière; on est étonné que dans un pays qui, comme celui de notre département, est favorisé d'un si beau climat, et d'un terrain si fécond, nos agriculteurs puissent négliger une branche d'industrie si utile, et surtout si productive; mais, il faut le dire, des opinions erronées d'antiques préjugés et les vieilles routines, sont des obstacles contre lesquels l'industrie a trop souvent à lutter, et dont malheureusement elle ne triomphe pas toujours; c'est là l'unique cause qui nous rend tributaires de l'étranger. Agriculteurs du Midi, c'est de vous que dépend l'affranchissement de cet énorme tribut; hâtez-vous de vous livrer à la culture du mûrier, à l'éducation des vers à soie; des profits certains sont attachés à cette branche d'industrie; vous verrez s'accroître votre fortune, en même-temps que vous acquerrez des droits à la reconnaissance nationale.

Le mûrier croît en peu de temps dans les terrains profonds et meubles; au bout de quatre à cinq ans, ils produisent assez abondamment des feuilles lorsque la culture en est bien dirigée.

La récolte du cocon s'obtient dans moins de trois mois, et dans une saison qui permet à l'agriculteur d'y donner tous ses soins sans le détourner de ses travaux agricoles.

Les meilleurs traités sur l'éducation des vers à soie, la culture du mûrier, sont ceux de MM. Dandolo, 1 volume in-8º, et Pittaro, 1 volume in-8º (1).

Voir aussi la notice de M. Guérin, insérée dans la *Chronique industrielle*, sur les avantages de la propagation du mûrier.

---

(1) Se trouvent chez Dagalier, libraire, rue de la Pomme, 71, éditeur du *Guide des Etrangers*.

Institutions et Etablissemens relatifs au Commerce, aux Sciences, aux Arts et à l'Industrie.

CHAMBRE DU COMMERCE.

Cette chambre est composée de M. le Préfet, *président-né*, et de quinze membres électifs, qui se renouvellent par tiers tous les ans, et dont le choix doit être approuvé par le ministre du commerce et des travaux publics. Elle est chargée de présenter ses vues sur les moyens d'accroître la prospérité du commerce, de faire connaître les causes qui en arrêtent les progrès, d'indiquer les ressources qu'on peut se procurer, de surveiller les travaux publics relatifs au commerce et à la navigation.

Membres qui la composent.

M. le Préfet, *président-né*.
M. Pascal Viguerie, *vice-président* élu.

Messieurs,
Cassaing (Joseph), *place d'Assezat.*
Courtois aîné, *rue des Couteliers.*
Baudens, *rue Saint-Pantaléon.*
Cibiel jeune, *rue Sainte-Ursule.*
Marcoul, *rue des Paradoux.*
Authier (Lucien), *petite rue Sainte-Ursule.*
Bories aîné, *place d'Assezat.*

Arnoux, *rue des Treize-Vents.*
Chaptive (Léon), *rue Riguepels.*
Mather, *rue de la Fonderie.*
Montané (Paul), *rue de la Bourse.*
Fornier (Noël), *rue de la Bourse.*
Garrigou, *rue des Amidonniers.*
Lacroix, *faubourg Saint-Etienne.*

M. Sol, *secrétaire-rédacteur.*
M. Daubian, *expéditionnaire.*

AGENS DE CHANGE ET COURTIERS DE COMMERCE.

Messieurs,

Fornier, *rue de la Bourse*, syndic.
Roaldés, *rue des Couteliers*, adjoint.
Davasse fils, *rue Maletache.*
Gauran (Urbain), *rue de la Pomme*, 9.
Laromiguière, *rue du Musée*, 3.
Lapeyrouse, *rue de la Pomme.*
Belot, *rue....*

CHANGEURS DE MONNAIE,

Messieurs,

Fages, *place Rouaix.*
Fourtic frères, *rue des Paradoux.*
Bonnecarère, *place Rouaix.*
Prévost, *rue de la Pomme*, 75, horlogerie et bijouterie.

FONTE DE FER.

Cet art a pris depuis l'établissement de l'atelier de construction des machines, créé à Toulouse par M. Abadie, et plus tard par celui de nos fontaines, un développement fort remarquable.

La seule opération des fontaines a exigé plus de 5,200 quintaux de fonte ; les grands objets de cette opération, tels que balanciers, machines hydrauliques, et surtout des cuvettes de distribution placées dans les galeries souterraines, ont été confectionnés par M. Olin, successeur de M. Chatelet, dans son usine à Toulouse. Ces produits n'auraient pas mieux été exécutés dans les plus grandes fonderies de France.

Ce fondeur s'est occupé à multiplier et perfectionner les produits de son usine, et son travail a été couronné d'un grand succès. On y coulait à peine, lorsqu'il s'est établi, 400 quintaux de fonte ; en 1828, il en a fondu 3,500 ; on n'y faisait guère que des pièces communes de 2 à 3 quintaux au plus ; on y fond maintenant des chaudières de 7 pieds de diamètre et du poids de 14 quintaux, des roues à dents de 8 pieds et demi de diamètre, pesant 15 quintaux ; enfin les demandes sont tellement multipliées, que l'ancien atelier ne pouvait plus suffire. M. Olin a fait construire une nouvelle fonderie ; ce vaste établissement est un nouveau monument industriel pour notre ville, qui atteste des progrès que cet art vient d'y faire.

Nous citerons encore deux établissemens du même genre qui, pour être beaucoup moins importans, méritent cependant, par la bonne confection de leurs produits, la considération et la confiance du public.

Ce sont ceux de Messieurs :

Blechsmith, situé *allée du chantier des barques*, sur le bord du Canal du Midi ;

Bonnet, situé aussi près du Canal.

AMIDONNIERS.

Messieurs,

Bessières fils aîné, *rue du Taur.*
Glaizes, *rue Saint-Antoine du T.*
Authamayou, *rue des Filatiers.*

LAMINOIRS ET MARTINETS A CUIVRE.

L'établissement d'un laminoir et d'un martinet à cuivre, dans Toulouse, remonte à plus de trente ans ; c'est à feu M. Berta, alors entrepreneur de la fonderie de canons, que la ville en est redevable. Il a pour objet la conversion du cuivre brut en planches et barreaux, et en toute sorte d'objets concernant la grande et la petite chaudronnerie.

En 1828, cet établissement était tombé dans un dépérissement complet, faute d'entretien ; aussi avait-il été forcé de suspendre ses travaux. Mais reconstruit entièrement, depuis cette époque, par les soins de M. Poisson, successeur par alliance de feu M. Berta, il est aujourd'hui en pleine activité. Ses produits peuvent s'élever à 200,000 kilogr. de cuivre ouvré chaque année, et rivalisent avantageusement avec ceux des autres fabriques.

CUIVRE FAÇONNÉ.

M. Roussilières, chaudronnier, rue Peyrolières, 13, a présenté à l'exposition de 1829, une colonne en cuivre rouge, un vase en cuivre jaune, dont la forme agréable et la bonne exécution ont attiré l'attention du jury et des connaisseurs.

BRONZE, FONDERIE DE CANONS.

Avant 1816, on fondait des canons dans plusieurs villes de France; mais à cette époque le gouvernement, sentant la nécessité d'avoir de grands établissemens capables d'assurer le service de l'artillerie, décida qu'il ne serait conservé que ceux de Douai, Strasbourg et Toulouse.

La position de la fonderie de cette dernière ville, près d'un cours d'eau aussi puissant que la Garonne, avait toujours fait penser combien il serait avantageux d'établir une forerie horizontale, mue par une roue hydraulique; mais l'énormité de la dépense en faisait ajourner l'exécution; il était donné à notre jeune compatriote, M. Mater, de créer un pareil établissement : en se mettant à la tête de l'entreprise de la fonderie, il a établi une superbe forerie d'après les plans du savant mécanicien M. Abadie, dont la ville de Toulouse s'honore à juste titre. M. Mater a su d'ailleurs profiter, avec discernement, des conseils et de l'expérience des officiers distingués qui composent l'inspection, et par sa vigilance, son activité et ses talens, il est parvenu à élever la fonderie de Toulouse au premier rang de celles du royaume.

Depuis 1816 jusqu'en 1824, le petit nombre de bancs foreries n'avait permis de fabriquer que 412 bouches à feu; mais dans le court espace de trois années, M. Mater en a livré quatre cents quatre-vingts, toutes en pièces de siége et de place.

FILATURES DE LAINES.

Malgré les résultats avantageux qui ont été obtenus dans le nord de la France, il n'existait dans le midi aucun établissement où l'on filât à la mécanique la laine peignée. Presque toute la laine qui était consommée à Toulouse, ou dans les environs, était grossièrement filée à la main dans les vallées des Pyrénées.

M. Gabriel Labore, rue des Amidonniers, vient d'établir un assortiment pour laine peignée, pouvant filer par jour trente à trente-cinq livres de laines fines, mérinos, ou quarante-cinq à cinquante de laines ordinaires. Il a présenté à l'exposition de 1829, à Toulouse, divers échantillons filés à un fil, ou filés doubles à quatre ou cinq bouts, d'une finesse rare d'une parfaite égalité; il est beaucoup à désirer que cet établissement prospère dans nos

nos contrées où il peut produire les plus grands résultats, surtout si les propriétaires de troupeaux cherchaient à acclimater, dans le Midi, les moutons anglais si heureusement importés en France, dont la laine lisse est la véritable laine de peigne.

MANUFACTURES DE FAÏENCE ET PORCELAINE.

Messieurs,

Fouques et Arnoux, fabrique à Valentine et dépôt, *rue de la Pomme.*
Siri, *au port Saint-Etienne*, faïence commune.

TANNERIES ET CORROYERIES.

On doit aux travaux du célèbre Lalande, et à ceux de M. Séguin, qui, le premier, découvrit les principes du tannage, les améliorations que cet art a reçues depuis quelques années.

Vers la fin du siècle dernier, il n'existait pas encore de tannerie à Toulouse; c'est à M. Linières que cette ville doit la première fabrique de cuir à la Garouille, connue sous le nom de cuir noisette.

Les cuirs confectionnés dans cet établissement, se font remarquer par leur imperméabilité et leur longue durée, qui sont le résultat d'un parfait tannage.

Aujourd'hui cette industrie a pris ici un degré d'importance remarquable.

On compte maintenant à Toulouse cinq tanneries de cuir à la Garouille, qui préparent environ 8000 peaux de bœufs, provenant en partie du département. La quantité de tan qui s'y consomme, s'élève à 12,000 quintaux, et provient des départemens de l'Aude et des Pyrénées-Orientales.

Trois fabriques de cuir pour la sellerie, préparent environ 800 peaux de bœufs ou vaches; ils emploient, pour cette fabrication, l'écorce de chêne, le sumac, l'alun.

Les fabriques de maroquins, de veau maroquiné ou de peaux préparées pour gants et bretelles, sont au nombre de six; on y fabrique de 8 à 10,000 douzaines de peaux de veau, chèvre ou mouton.

Ces diverses fabriques produisent
    pour les gros cuirs. . . . 450,000 fr.
Pour les peaux de veaux, moutons
    et maroquins. 250,000
En tout pour une valeur de . . 700,000 fr.

Elles occupent toute l'année environ cent cinquante ouvriers.

CARTON, FABRIQUES.

Messieurs,

Fouques et Arnoux, *rue des Treize-Vents.*
Hébrard, *rue des Arts.*
Trioques, *place Rouaix.*
Bentoux, *rue des Amidonniers,* sur le Canalet.

COUVERTURES DE LAINE, FABRIQUE.

M. Sales père, *rue des Blanchers.*

COTON. (FILATURES DE)

Messieurs,

Dalas (Simon), *rue des Amidonniers*, et couvertures.
Chapelon, *rue Maison-Professe*.
Plohais, *place d'Assezat*.
Gourgos, *rue des Couteliers*.

CORDERIES.

Messieurs,

Cucq (Philippe), *au bas du Pont, vis-à-vis le Château-d'Eau*, à l'usage de la marine, dites *Grelins*.
Cucq jeune, *boulevard Saint-Aubin*, et cordes dites *Rossignol*.
Magnès, fils jeune, *grande rue St.-Cyprien*, 4.
Sabatou (Pierre), *place du Ravelin*, 5. dites *Haubans*.

CHAPEAUX DE FEUTRE. (FABRIQUES DE)

Messieurs,

Lourdes, *île de Tounis*, 16.
Cluzet, *île de Tounis*, 17.
Dalbouy, *rue du Taur*, 24.
Campistron, *rue des Couteliers*.

CHAPEAUX CIRÉS, VISIÈRES, ETC. (FABRIQUE DE)

M. Poirot, *au vieux chemin de Tournefeuille*, n.º 31, occupe 15 ouvriers ; ses chapeaux sont du prix de 24 à 36 fr. la douzaine.

PRODUITS CHIMIQUES.

Messieurs,

Cayre et comp.ᵉ, *route d'Albi, près du Canal,* acide pyroligneux, vinaigre de bois.
Just Salles, distillerie de térébenthine, *au Pont des Demoiselles.*

BRASSERIES.

Messieurs,

Debs, *allée Lafayette, à gauche.*
Lang, *allée Lafayette, à droite.*
Stoll, *allée du Grand-Rond, près celle des Platanes.*
Forasté, *place Lafayette.*
Mazières, *rue Baronie.*

PLINTHOTOMIE,

OU FABRIQUE DE TUILES TAILLÉES,

(Brevetée par Ordonnance royale du 18 Juillet 1832.

Toulouse compte un nouvel établissement industriel de plus; la belle fabrique de Miremont, commune de Launaguet, arrondissement de Toulouse, de MM. Virebent frères, offre aux constructeurs des avantages qui ne sauraient plus être contestés. Un rapport de l'académie des Sciences, Inscriptions et Belles-Lettres de Toulouse, ainsi que plusieurs constructions exécutées avec succès, ne laissent plus douter de la supériorité des produits de

cette nouvelle industrie, et de l'économie réelle qu'elle offre aux propriétaires. « Le fini de
» ces produits, sous le double rapport de l'art
» et de la solidité, permet à la cité Palladienne
» de se livrer à un système suivi d'embellis-
» semens, avec la certitude de les exécuter
» avec une facilité, une économie et un éclat
» qu'aucune autre ville ne pourra lui disputer.
» Le propriétaire ne pourra plus craindre d'en-
» treprendre des constructions élégantes, sans
» pouvoir se rendre compte de la dépense
» qu'elles entraîneront. Une façade toute faite,
» tout ornée, peut lui être livrée dans le
» court délai d'un mois... Les architectes ne
» pourront manquer d'apprécier les avantages
» de ces matériaux de leur art; ils pourront
» se procurer dans un bref délai, et sans em-
» barras, des briques profilées suivant les dessins
» donnés ; ils n'auront plus à employer de
» préférence des matériaux tendres et sujets à
» des dégradations rapides ; enfin, ils n'auront
» plus à gémir sur les dépenses dans lesquelles
» ils entraînent quelquefois, et malgré eux, de
» malheureux propriétaires. En un mot, l'ar-
» chitecte, rendu tout entier à son art, n'aura
» plus qu'à donner ses profils ou ses modèles,
» et un mois après il pourra se promettre
» d'élever avec une rapidité surprenante et une
» économie de plus du tiers de la dépense,
» une superbe façade qui bravera l'injure des
» siècles à venir. » (Extrait du rapport de l'Académie Royale des Sciences, séance du 12 Juillet 1832.)

Cette fabrique fournit la tuile taillée et

profilée sur toute sorte de dessins, pour montans de portes, portiques, croisées, archivoltes, colonnes, etc., corniches avec ou sans ornement; accoudoirs, acrotères, tuiles parées, ordinaires, communes, etc., tuiles à couvert de toute qualité; carreaux de terrasses, balcons, degrés, perrons, vestibules, salons et appartemens, unis, à dessins, mosaïques, etc. de toute forme et dimension.

Correspondance, *rue Fourbastard*, n.º 4, à Toulouse.

MAGASINS DE PORCELAINES, CRISTAUX ET FAÏENCE.

Messieurs,

Fouques (Gustave), *rue de la Pomme.*
Geraud, *rue de la Pomme.*
Jougla, *place Rouaix*, 5.
Douein, *place Trinité.*
Gausseus, *rue de la Pomme*, et cristaux, faïence.
Olivier, *rue Saint-Etienne.*
Grasset, *idem.*

MAGASINS DE VERRES, CRISTAUX ET BOUTEILLES.

Messieurs,

Espinasse frères, *sur le port du Canal.*
Bessan, *porte Saint-Etienne.*
Pélissier, *port du Canal.*
Mazury, *rue des Balances*, verres à vitres.
Hemet, *place Lafayette.*
irombra, *faubourg Saint-Etienne.*

Pessieto, fils aîné, *faubourg Saint-Etienne.*
Pessieto frères, *idem.*

On trouve dans ces magasins toute espèce de gobeleterie et assortimens en cristaux, verre blanc, bleu, bouteilles et verres à vitres.

SOCIÉTÉS, AGENCES ET ENTREPRISES DIVERSES.

COMPAGNIE FRANÇAISE DU PHÉNIX,

Autorisée par Ordonnance royale du 19 Septembre 1819.

Cette compagnie assure, contre l'INCENDIE et le feu du ciel, toutes les propriétés construites, les mobiliers, marchandises, etc.

Elle a dans chaque chef-lieu d'arrondissement, un agent comptable chargé de signer, pour elle, les polices d'assurance.

Ces agens correspondent tous avec les *directeurs divisionnaires* établis dans les principales villes de France.

M. H. Darnaud (de l'Ariège), directeur divisionnaire à Toulouse, a ses bureaux *rue du Sénéchal*, 5.

Les départemens ci-après composent cette division, Ariège, Aude, Aveiron, Cantal, Haute-Garonne, Lot, Lozère, Lot-et-Garonne, Tarn, Tarn-et-Garonne et Pyrénées-Orientales.

Compagnie d'assurances de l'Union, contre l'incendie et sur la vie humaine.

Elle est représentée par M. Lespés, inspecteur de ladite compagnie, *rue Saint-Etienne*, 13.

Compagnie Royale.

M'. Guillaume Dorie, agent-général, *place de la Trinité*, 15.

Compagnie du Soleil.

MM. Montané et Triadou, agens principaux, *sur le pont de Tounis, maison Marnac.*

Compagnie d'assurance contre la Grêle.

M. Debax aîné, directeur-général, *rue des Balances*, 35.

Assurance mutuelle pour toute la France, contre les chances du recrutement à Paris, rue Monmartre, 139, *et à Toulouse, boulevard Saint-Aubin, maison Lafontan.*

L'intérêt des familles et du gouvernement appelait depuis long-temps la création d'une institution qui vînt au secours de toutes les classes de la société, pour alléger le fardeau du recrutement. Ce n'est qu'après de longs et infructueux essais tentés par diverses sociétés, que des administrateurs, connus par d'honorables travaux, sont parvenus à atteindre le but désiré, en créant pour toute la France une assurance mutuelle contre les chances du recrutement.

Les personnes intéressées devront s'adresser au bureau ci-dessus indiqué : on leur donnera tous les renseignemens qu'elles pourraient désirer.

CAISSE HYPOTHÉCAIRE,
Autorisée par Ordonnance royale du 12 Juillet 1820.

———

La caisse hypothécaire est un établissement destiné à procurer aux engagemens affectés sur des gages immobiliers, les avantages du crédit dont jouissent les billets de commerce.

Comme les banques ordinaires, la caisse hypothécaire *ouvre un crédit* aux personnes qui peuvent fournir des hypothèques suffisantes; c'est le principal objet de ces opérations. Le crédit est réalisé en obligations au porteur, souscrites par la caisse. Cette manière d'opérer a pour l'emprunteur crédité, le double avantage de ne pas faire circuler sa signature dans le commerce, et de ne pas l'exposer à l'action directe des porteurs d'obligations.

La caisse *assure les créances hypothécaires*. — Elle *prête sur nantissement de créances hypothécaires*, et achète ces sortes de créances.

Ces opérations se font par l'intermédiaire de chambres de garantie, qui sont assujetties chacune à un cautionnement dont la quotité dépend de l'étendue de sa circonscription; mais il ne peut être ni au-dessous de *cinquante mille francs*, ni au-dessus *d'un million*.

Il y a à Foix (Ariège) une chambre de garantie, qui est représentée, à Toulouse, par *M. H. Darnaud*, directeur divisionnaire de la compagnie du Phénix.

MAISON DE CORRESPONDANCE ET DE COMMISSION.

Cette maison s'occupe de toute espèce d'affaires contentieuses ou administratives, de la suite de liquidation d'indemnité, de remboursement de cautionnement, de recettes, de rentes et loyers, de régies, ventes ou achats d'immeubles, ventes ou achats de marchandises, effets publics et actions industrielles.

Elle s'occupe aussi d'expertises, règlemens de limites et contestations en matière d'assurances contre l'incendie et la grêle.

S'adresser à l'un des gérans, M. Frutié fils, avocat, *rue du Sénéchal*, n.º 5, à Toulouse.

Compagnie Philantropique d'opération commerciale, sous la raison Sabatier et Comp.ᵉ, à Paris, rue de la Monnaie, 11.

Placemens de 5 fr., 10 fr., 20 fr., 50 fr., 100 fr. et au-dessus, jusqu'à 2000 fr., donnant droit,

1.º A des lots ou primes de 500 fr. à 15,000 fr.;

2.º Au remboursement assuré du double de la somme placée;

3.º A l'intérêt de 5 p. 0/0 (quand le placement est de 100 fr. et au-dessus.)

On devra s'adresser, pour plus amples renseignemens, à M. J. Rupé, *boulevard Saint-Aubin, maison Lafontan*, correspondant de la société, depuis neuf heures du matin jusqu'à quatre du soir.

Association Philantropique et Commerciale d'échanges par actions en commandite, établie à Paris, et à Toulouse, boulevard Saint-Aubin, sous la direction de Joachim Rupé.

Il fera connaître le but que se propose d'atteindre cette association, et les avantages qu'elle offre au commerce et à l'industrie par les facilités qu'elle leur procure.

Entreprise de l'Eclairage de la Ville.

M. Gabriel, *rue Pargaminières.*

Entreprise des Transports de la Guerre.

M. Castan, *place Lafayette.*

Entreprise du Chauffage et Eclairage militaires.

M. Cassagne, *rue des Cordeliers.*

Entreprises des Fosses d'aisance et Vidanges.

Madame Vibert-Dubourg, *route de Muret, sur la Garonne*
M. Baziège, agent de l'entreprise, *rue Filatiers.*

Entreprise de Lits militaires.

M. Ardennes, directeur, *rue des Lois*, 29.

Pharmaciens de Toulouse.

Messieurs,

Bernadet, *rue Croix-Baraignon.*
Couseran, *rue Peyras.*
Deler, *rue Saint-Rome.*
Delpech, *rue de la Pomme.*
Delpont, *rue Boulbonne.*

Bellecour, *rue du Pont.*
Bernadet, *rue Saint-Etienne.*
Bon, *rue Joutx-Aygues.*
Brun, *grande rue Saint-Cyprien.*
Campagne, *rue Pharaon.*
Cluzon, *rue des Balances.*
Couseran, *rue Cujas.*
Delpon, *rue Boulbonne.*
Delpech, *rue de la Pomme.*
Deler, *rue Saint-Rome.*
Dujac, *place du Salin.*
Duprat, *rue Riguepels.*
Dupuy, *rue Matabiau.*
Lafitte, *place Perchepinte.*
Lafforgue, *place Arnaud-Bernard.*
Lamothe, *rue Boulbonne.*
Lapeyre, *rue Pharaon.*
Laporte, *place Saint-Cyprien.*
Lussan, *rue des Chapeliers.*
Lemaréchal, *rue de la Pomme.*
Magnes (Cyprien), *idem.*
Magnes-Lahens, *rue des Couteliers.*
Mallevigne, *rue du Taur.*
Pailhès, *rue Peyras.*
Piette, *rue des Changes.*
Plassan aîné, *rue de l'Orme-Sec.*
Plassan jeune, *place Dupuy.*
Pons, *rue des Balances.*
Salibas, *rue Matabiau.*
Tarbès, *rue Croix-Baraignon.*
Timbal, *rue de l'Orme-Sec.*
Vidal, *rue Matabiau.*

Eaux minérales factices.

M. Magnes-Lahens, *pharmacien, rue des Couteliers.*

BAINS A VAPEUR.

Etablissement de bains et douches de vapeurs, d'eaux minérales factices, d'eaux médicinales et de parfums à la mode orientale, situé à Toulouse, place des Puits-Clos, n° 2, dirigé par M. le docteur Cany.

Parmi les moyens que la médecine conseille pour guérir les maladies dartreuses, les affections rhumatismales et les rhumatismes goutteux, il n'en existe point dont les effets soient aussi prompts et aussi efficaces que les bains et douches à vapeurs médicinales, lorsque des médecins expérimentés en dirigent l'application. L'établissement que le docteur Cany a fondé à Toulouse en 1818, fournit chaque jour de nouvelles preuves à l'appui de cette assertion.

Dentistes.

M. Camel, *rue du Musée.*
M. Costes, *rue Boulbonne.*

Noms et demeures de MM. les Négocians, Banquiers, Commissionnaires, Fabricans et Marchands de toute espèce, et Artistes de tous les genres, par ordre alphabétique.

BANQUIERS.

Messieurs,

Charles et Auguste Pouget, *rue Boulbonne.*
Chaptive fils, *rue Riguepels.*
Sans et Authier, *petite rue Sainte-Ursule.*
Sarrus, *rue de la Bourse.*
Marceille et comp.ᵉ, *rue Tamponières.*
Baudens et Dupau, *rue Saint-Pantaléon.*
Cibiel, fils aîné et jeune, *rue Sainte-Ursule.*
Courtois et comp.ᵉ, *rue des Couteliers.*
Delmon, *rue Tolosane.*
Laye frères, *rue du Poids-de-l'Huile.*
Marié aîné, *rue des Arts.*
Joseph et Pascal Viguerie, *rue du Cheval-Blanc.*
Jeanbernat frères, *au Canal.*
Ed. Martin, et recouvremens, *rue de la Bourse.*

Commissionnaires et Négocians.

Messieurs,

Galinier et Rivière, *rue des Balances.*
Laromiguière frères, *rue Saint-Pantaléon.*
Marié aîné, *rue des Arts..*

12

Sans et Authier, *petite rue Sainte-Ursule.*
Darnaud, et banque, *petite rue du Sénéchal.*
Jeanbernat frères, *sur le bord du Canal.*

Grains (marchands de) *et Commission de passage.*

Messieurs,

Broustet fils, *faubourg Saint-Etienne.*
Desalles, *idem.*
Jeanbernat frères, et sel, *idem.*
Lacals et Evesques, *idem.*
Lacroix-Gaspard, *idem.*
Lignères, *idem.*
Prunac, *idem.*
Saint-Raimond, fils aîné, *idem.*
Saint-Raimond, fils cadet, *idem.*
Vivens (Joseph), *idem.*
Chaptive fils, *rue Riguepels.*
Langlade et Calvet, *rue Boulbonne.*
Fabre aîné, *rue Saint-Etienne.*
Viguerie (Pascal et Joseph), *rue du Cheval-Blanc.*

Entrepôts de Sel.

Messieurs,

Rivals aîné, *sur le port du Canal.*
Desalles, *faubourg Saint-Etienne.*
Rivals cadet, *idem.*
Espinasse frères, *au port du Canal.*

Bois de construction pour charpente et menuiserie. (Marchands de)

Messieurs,

Gabarrou (Augustin), *allée Lafayette et aux Minimes, hors la barrière.* Les sapins, peupliers, pins. Bois de Nerwa, noyer, chêne, équarris et en graine, planches ou madriers.
Castillon cadet, *porte Saint-Etienne.*
Fonrouge père, *idem.*
Cousi et Rozés, *faubourg Saint-Cyprien.*
Marestaing et comp.e, *idem.*
Lalaine, *place Saint-Michel*, 13.
Campistron, *place Saint-Michel*, 14.
Salba frères, *hors la barrière Matabiau.*
Roux jeune, *hors la porte Arnaud-Bernard.*
Roquelaine et Lancou, *aux Minimes.*
Tarride neveu, marchand-commissionnaire, vend en gros toutes les qualités propres à la charpente et menuiserie, se charge de toutes expéditions sur Bordeaux et autres lieux.

Marchands de Bois de construction en chêne, et Bordages et Bois à brûler.

Messieurs,

Azema et Raspaud, *place Saint-Michel*, 11.
Lebieux et Pujos, *descente du Port-Garaud.*
Duclos et Estrade, *en face les prisons à Saint-Michel.*
Castex et Audol, *au Port-Garaud.*
Cassagne, *rue des Cordeliers.*

Bois à brûler. (Marchands de)

Messieurs,

Cassagne, *rue des Cordeliers.*
Estrade (Benoît), *au Port-Garaud.*
Baliros, *hors la porte Saint-Cyprien.*
Castex et Audol, *au Port-Garaud.*
Lasmartres, *rue Peyrolières.*
Vidal, *rue Pénitens-Bleus.*
Lebieux et Pujos, *descente du Port-Garaud.*

Couleurs (Fabrique de), *et articles de peinture.*

MM. Meissonier, père et fils, *rue Saint-Rome*, 28. Vernis, couleurs, huiles grasses, couleurs fines en vessies, toiles sur châssis de toutes dimensions, cadres, palettes, pupitres, etc., pinceaux, et location de tableaux.
Dépôt de l'outre-mer factice de M. Guimet

Cuirs. (Marchands de)

Messieurs,

Lignères, *rue des Cimetières.*
Darrieus, *rue des Paradoux*, et maroquins.
Amiel frères et comp.ᵉ, *rue Mirepoix*, idem.
Long et comp.ᵉ, *rue des Paradoux.*
Martegoutte, *rue Clémence-Isaure.*
Monique, *rue Tolosane.*
Simorre, *place de l'Ecole d'Artillerie*, 40.

Dépôts de Graines potagères; Graines de fleurs et Plantes d'agrémens.

M. Goffres aîné, *rue des Filatiers.*
M. Goffres, *place d'Orléans.*

Minoteries.

Messieurs,

Lignères fils aîné, *faubourg Saint-Etienne.*
Mazères, *idem.*
Gleizes, *rue Saint-Antoine du T.*
Mazères jeune, *faubourg Saint-Etienne.*
Lacroix, *rue Portail-de-Fer.*
Vivent et Comp.ᵉ, *faubourg Saint-Etienne.*

Cette dernière minoterie marche d'après un nouveau procédé pour nos contrées méridionales. Une grande roue hydraulique donne le mouvement à cinq meules à farine, et a tous les accessoires nécessaires à la minoterie.

Moulins à farine.

Du *Bazacle*, 34 meules, dont 16 au système anglais parfait, (une Régie.)
Du *Château-Narbonnais*, 24 meules, dont deux au système anglais, (une Société.)
De Bressolles aîné, près la Barrière de Muret, 5 meules à farine; une grande roue hydraulique donne le mouvement à tous les accessoires.

Fabriques de Vermicelle, Pâtes dites de Gênes.

Messieurs,

Authamayou et Comp.ᵉ, *rue des Filatiers.*
Baric, *rue des Trente-Six-Ponts.*
P. Braud, *rue du Collége-Royal*, 18, pâtes dites de Gênes, Macaroni, Semoule, etc.

Draperie en gros. (Marchands de)

Messieurs,

Alary, *rue Sainte-Ursule.*
Bon, *idem.*
Conferon (Isidore), *hôtel de la Bourse,* et toilerie.
Couderc (François), *rue de la Pierre.*
Courrège et Bieu (Paulin), *rue Saint-Rome.*
Danjoi et Davasse, *rue des Changes.*
Davasse jeune, *idem..*
Blancq, *rue de la Bourse.*
Dupau-Rives, *rue de la Dalbade.*
Duroux, Caissel et Caze, *rue de la Bourse.*
Escudié et Doumenjou, *idem.*
Glaye et Estrade, *rue des Paradoux,* et toilerie.
Guittard (Ad.), *rue Cujas.*
Laffiteau et Goux, *rue des Changes.*
Lapeyre et Capmartin, *rue Saint-Rome.*
Marcoul-Dupau et Ribayrol, *rue des Paradoux.*
Sarrut frères, *rue Temponnières.*
Savène et Rouzaud, *rue de la Bourse.*
Saurine, *idem.*
Bauwens (François), *place de la Trinité.*
Cibiel, fils aîné et jeune, *hôtel de la Poste.*
Couderc (François), *rue des Changes.*
Lepage, *place du Capitole.*

Droguistes.

Messieurs,

Armentier, *faubourg Saint-Cyprien,* méd. teint. et peint.
Arzac neveu et Igounet, *rue Clémence-Izaure,* teint.

Bayssade jeune, *rue Saint-Etienne*, teint., peint., denrées coloniales.
Dast-Galice, *rue des Paradoux*, méd.
Duffaur et comp.ᵉ, *rue des Changes*.
Lafont-Lajus, *rue des Couteliers*.
Guittard et Francou, *rue Riguepels*, méd., teint., peint. et colles.
Paul jeune, *rue Peyrolières*.
Douladoure, Martin et Pontic jeune, *rue Baronie*.

Eaux-de-Vie et Esprits.

Messieurs,

Langlade, *rue Montaudran*, 5, distillerie.
Bors, *rue du Puits-Vert*, distillerie.
Arquier, *place Saint-Raimond, près S.-Sernin*.
Rossignol, *rue Poids-de-l'Huile*, 12, et vins.
Langlade et Calvet, *rue Boulbonne*, 19.
Moisset jeune, *rue Sainte-Anne*, 16.
Pessieto fils, *rue Boulbonne*, 13.
Vales et Camus, *rue des Balances*, entrepôt.
Cans (Blaise), *allée Lafayette*, distillerie.
Capelle et comp.ᵉ, *rue de la Pomme*, 5.
Loubers, fils aîné, *rue Clémence-Isaure*, 9.
Bories aîné, *place d'Assezat*, 21.
Davin fils et Adde, *rue des Arts*, 9.
Gèze frères, *place d'Assezat*.
Poujet (Charles et Auguste), *rue Boulbonne*, 13.
Soulacroup, *place Dupuy*, 18, entrepôt et distillerie.
Lignères, fils aîné, *rue Caraman*, 34, idem.
Gerbaut fils, *au port du Canal*.
Marqués aîné, *place d'Assezat*.

Denrées et Comestibles du Midi ; Huiles, Graines, Viandes et Poissons salés, etc.

(DÉPÔTS ET MARCHANDS DE)

Messieurs,

Albert (Joseph, *rue des Changes*, huiles, savons, morue, sardines, etc.
Alga neveu, *rue des Changes.*
Cappelle, *rue de la Pomme.*
Delachoux aîné, *faubourg Saint-Cyprien.*
Deleveau, *rue Fourbastard*, huiles et épurées, savons, oléine, etc.
Baudens et Dupau, *rue Saint-Pantaléon.*
Baville, *rue du Puits-Vert.*
Bories aîné, *place d'Assezat.*
Delmon, *rue Tolosane*, huiles, savons.
Deville, *rue des Arts.*
Fabre aîné, *rue Saint-Etienne.*
Gabriel, *rue Pargaminières*, huiles.
Geze et Cayrou, *rue du Pont.*
Langlade et Calvet, *rue Boulbonne.*
Laromiguière, *rue Saint-Pantaléon.*
Marabelle, *place du Pont.*
Marqués et Castex, *place d'Assezat.*
Montano, *rue de la Pomme.*
Olivier (Pascal), *idem.*
Poujet (Paul), *rue Boulbonne.*
Roques fils, *rue Maison-Professe*, poissons salés, etc.
Viguerie (Joseph et Pascal), *rue du Cheval-Blanc.*

Dentelles et Tulles.

Messieurs,

Monnié, *place d'Assezat.*
Calvet-Besson, *rue de la Bourse.*
Simonet et Bedin, *idem.*
Robert (Paul), *idem.*
Sabatier, *rue des Filatiers.*
Sénac, *idem.*

Fer ouvré. (Marchands de)

Messieurs,

Auguste Albert, *place du Pont*, et en barres.
Dominique Berthomieu, *rue Riguepels*, et en barres.
Louis Berthomieu, *rue d'Astorg.*
Rivière (Bernard), *place d'Orléans.*
Ferradou, *rue Peyrolières.*
Trémont, *rue des Couteliers.*
Bardes, *rue Tolérance.*
Ferradou, père et fils, *rue Peyrolières.*
Ferradou (Xavier), *idem.*
Romestin cadet, *rue Sainte-Ursule*, clou.
Porteries B. O. Q. pour meubles, fer-blanc, tôle, cuivres, clouterires.
Gausseran, *idem, rue Baraignon, idem, idem,*

Fer brut. (Marchands de)

Messieurs,

Izarn, *rue des Tourneurs.*
Bladviel, *petite rue Saint-Rome.*
Dayries aîné, fer et fonte de Bruniquel, *rue Saint-Pantaléon.*

Ruffié fils, *hôtel de la Poste.*
Senges et Darris, *rue du Pont.*

Glaces et Miroiterie. (Marchands de)

Messieurs,

Dupuy, *rue de la Pomme*, 28, et meubles
Laval et Bentalou, *rue Saint-Rome, ibid.*
Cuson, *rue Saint-Etienne.*
Mestre, *rue de la Pomme.*

Laines en gros.

Messieurs,

Laye frères, *rue du Poids-de-l'Huile.*
Alexandre Marié aîné et Banque, *rue des Arts.*
Saus et Authier, *petite rue Sainte-Ursule.*
Augustin et Thomas Sarrut, laines pour chapelerie, *rue Temponières.*

Marchandes de Modes.

Mesdames,

Fontan (les demoiselles), *rue de la Pomme*, 20.
Mion-Zacharie Risch, *rue Perchepinte.*
Toussaint, *rue des Balances.*
Sophie, *rue de la Pomme.*
Berdoulat, *place Perchepinte.*
Sermet, *rue Saint-Rome.*
Arnaud (demoiselles), *rue des Chapeliers.*
Foulquier sœurs, *rue de la Pomme*, au premier, 75,
Esquilar, *place Lafayette.*
Escoubé, *rue des Arts.*

Contois, *rue Boulbonne.*
Davezac, *rue de la Pomme.*

Mercerie. (Marchands de)

Messieurs,

Regis (veuve), *rue de la Pomme.*
Alphonse Saint-Paul, *rue de la Pomme.*
Claude Bouchage, *rue de la Bourse*, et bas et bonneterie.
Dubouchet, *rue du Pont.*
Montlezun, *rue des Arts*, et lingerie, soieries et nouveautés.
Ferrié, père, *rue de la Pomme*, et quincaillerie, parfumerie et nouveautés.
Ferrié (Auguste), *rue de la Pomme.*

Passementerie. (Marchands de)

M. Estellé, *place d'Orléans.*
M. Cazalot, *rue des Filatiers.*

Plumes, Laines, Crin frisé pour Meubles Plumes et Duvets.

Messieurs,

Lafforgue fils et Comp., *rue Foubastard.*
Louet aîné et Comp., *rue des Paradoux.*
F. Tayac et Comp., *rue du Poids-de-l'Huile.*
Granié frères, *rue de la Pomme*, 5.

Poëles en faïence. (Marchands fabricans de)

Messieurs,

Fouques et Arnoux, *rue des Treize-Vents.*
Fouque (Gustave), *rue de la Pomme.*
Noubel, *rue Saint-Aubin.*

Musique. (Marchands de)

Messieurs,

Jacquin (Dominique), *rue de la Pomme*, 3, et cordes de Naples.

Martin fils et Comp.ᵉ, *rue de la Pomme*, 72, et instrumens en tous genres, abonnemens d'instrumens et de partitions, etc.; cordes de Naples et de Berlin.

Meissonnier, père et fils, *rue Saint-Rome*, cordes de Naples et de Berlin, articles de peinture, couleurs, vernis et papeterie.

Porcelaines et Cristaux. (Marchands de)

Messieurs,

Espinasse frères, *faubourg Saint-Etienne.*
Fouque (Gustave), *rue de la Pomme.*
Jougla aîné, *place Rouaix*, et tailleur sur cristaux.
Pessieto frères, *faubourg Saint-Etienne.*
Sirombra, *idem.*
Geraud, *rue de la Pomme*, et bronzes, maison à Paris; fait la commission.

Quincaillerie. (Marchands de)

Messieurs,

Bergé et Servat, *rue Saint-Rome.*
Brouilhet, *rue de la Pomme*, fine et nouveautés.
Dubouchet, *place d'Assezat.*
Ferrié père, *rue de la Pomme*, et mercerie, parfumerie et nouveautés.

Gausseran, *rue Baraignon.*
Geraud, *rue de la Pomme*, fine, bronze et nouveautés.
Guittard et Roussouillères, *rue du Pont.*
Raimond Asté, *rue des Tourneurs.*
Porteric, *rue de la Trinité.*
Ferradou (Simon), *rue Peyrolières.*
Ferradou (Xavier), *idem.*
Sieurac, *rue Saint-Rome.*
Ferrié (Auguste), *rue de la Pomme*, et merceries fines, nouveautés, etc.

Soieries. (Marchands de)

Messieurs,

Charles Guilhot, *rue des Arts*, 9; dentelles et nouveautés.
Brisson fils, *rue Baraignon.*
Busquet aîné et frères, *rue Maison-Professe.*
Castan, *place Saint-Etienne.*
Veuve Gaillard et fils, *place d'Assezat.*
Laborde, *rue de la Bourse.*
Longhena, *place de la Bourse.*
Laforgue, *rue Maison-Professe.*
Pons et Dolques, *rue de la Trinité.*
Seré, *rue Maison-Professe.*
Paul Pujol, *place de la Trinité.*
Andrau, *rue Maison-Professe.*
Garrigues et Esquivier, *rue Maison-Professe.*

Tapissiers et Marchands de Meubles.

Messieurs,

Grazidou, *place Boulbonne.*
Cuson, *rue Saint-Etienne.*

Toulza, *rue des Nobles.*
Vié, *rue Boulbonne.*
Granié frères, *rue de la Pomme* ; tapisserie, ébénisterie, miroiterie, passementerie, crins frisés, laines, plumes, etc. ; unique dépôt de matelas et meubles élastiques, par brevet d'invention ; meubles en tous genres, grand assortiment.

Toilerie, Rouennerie, Indiennes.

Messieurs,

Gouilloud et Bissuel, *rue de la Bourse.*
Gounon, *idem.*
Grandsire, *rue Cujas.*
Héron, *place de la Bourse.*
Joly et Samuel et fils, *idem.*
Ladrière (veuve), *rue Sainte-Ursule,* article coton.
Lafforgue, *rue Maison-Professe.*
Lahille aîné, *rue Sainte-Ursule.*
Latour-Maragon, *rue de la Bourse.*
Martin aîné, *rue Sainte-Ursule.*
Meyran (veuve) et fils, *rue la Bourse.*
Moudenc, *rue Maison-Professe.*
Montané (Paul), *rue de la Bourse.*
Nogaret, *idem.*
Pascal Recoules, *idem.*
Peyre (Achille), *rue Sainte-Ursule.*
Sainton, *rue Sainte-Ursule.*
Truillet, *rue de la Bourse.*

Toilerie et Lingerie.

Messieurs,

Bernard frères, *rue de la Pomme*, G. E. D., 1, et toiles en tous genres.

Arnaud Pujol, *rue Maison-Professe.*
Baile, *place d'Assezat* G.
Baron, *rue des Arts*, D.
Bahuaud, dit Nantais, *rue des Arts.*
Bon, *rue Sainte-Ursule*, G.
Bonnet (Aimé), *rue de la Bourse*, G.
Bremon, *rue de la Bourse.*
Brun et Malafosse, *hôtel de la Bourse.*
Busquet aîné et frères, *rue de la Bourse*, D. E. G.
Canals, *rue Sainte-Ursule*, coton et com.
Cassaing, *rue Maison-Professe*, en G.
Castan, *place Saint-Etienne.*
Chapelon, veuve Rival, *rue Maison-Professe*, E. N. G. Ch.
Chapelon cadet, *idem.*
Cibiel, fils aîné et jeune, *rue Sainte-Ursule.*
Conferon (Isidore), *hôtel de la Bourse.*
Couderc fils et Comp., *rue des Changes.*
Delon, Brunet et Comp., *rue Sainte-Ursule.*
Doat frères, *rue de la Bourse.*
Ducos frères, *place d'Assezat.*
Dulaurier aîné, *rue de la Bourse.*
Dulaurier jeune, *rue Sainte-Ursule.*
Duroux, Caissel et Caze, *rue de la Bourse.*
Fabart, *rue Maison-Professe.*
Garretta, *rue du Pont.*
Thuries frères, *place de la Bourse*

VINS ENTREPOSITAIRES ET MARCHANDS EN GROS.

Entrepositaires.

Messieurs,

Bernard Arquier, *place Saint-Raymond*, n.º 16, et distillateur.

Langlade et Calvet, *rue Boulbonne*, 9, et distill.
Viguerie père, *rue du Cheval-Blanc*, 5.
Guillon, *port du Canal.*
Chaptive fils, *rue Riguepels*,
Courtois frères, *rue des Couteliers.*
Charles et Auguste Pouget, *rue Boulbonne*, 13.
Dartigues et Comp., *rue des Paradoux.*

Marchands de Vins en gros.

Messieurs,

Saint-Pierre, *rue Fourbastard*, 11.
Baudens et Dupau, *rue Saint-Pantaléon.*
Louis-Pierre David, *place des Puits-Clos*, fins.
Marc Lormières, *rue des Pénitens-Noirs.*
Blaise Cans, *allée Lafayette.*
Fages, *place Lafayette.*
Jean-Marie Langlade, *pont Mon'audran.*
Jean-Louis Roucole, *rue du Taur*, 46; ordinaires.
Jacques Lacroix, *rue des Sœurs.*
Sarraute, *rue Périgord*, 4, fins.
Georges Rives, *place Dupuy*, 9.
Evesque aîné, *place Dupuy.*
Augé, *place du Capitole.*
Labouche, fils cadet, vins de liqueur.
Jean Franc, *port du Canal.*
Poyard, *rue des Puits-Clos*, 20.
M.me Novince, *porte Saint-Etienne*; vins et liqueurs.
Rossignol (Félix), *rue du Poids-de-l'Huile*, de toutes qualités et eaux-de-vie.
Labouche, *rue Saint-Rome*, et liqueurs.

BEAUX-ARTS, ARTS MÉCANIQUES ET INDUSTRIE.

ARCHITECTES.

Messieurs,

Barthe, *rue du Taur.*
Cambon, *rue Fourbastard.*
Chambert (Edmond), *rue Boulbonne,* 11.
Delort, *rue Pargaminières.*
Jacoby, *rue de la Pomme.*
Lafon fils, *rue Saint-Etienne.*
Laforgue, *rue de la Courroie.*
Laferrerie, *place Rouaix.*
Bonnal, *rue Saint-Aubin.*
Rivet, *rue des Renforts.*
Raynaud, *rue Pharaon.*
Sudres fils, *rue Chaude,* 9.
Vitry (Urbain), *rue des Paradoux.*
Virebent aîné, *rue de la Pomme,* 22.
Virebent (Auguste), *rue Fourbastard.*
Vitry (Joseph), *rue du Taur,* 13.

ARPENTEURS GÉOMÈTRES.

Messieurs,

Bellot fils, *rue Pargaminières.*
Fourcade, *place Mage.*
Gonin, *rue de la Pomme,* 32.
Vitry père, *rue des Paradoux.*

ENTREPRENEURS DE BATIMENS.

Messieurs,

Saintirou père, *rue*
Soulié, *rue Saint-Aubin.*
C. Capella, *faubourg Saint-Aubin.*
P. Mazères fils, *rue de la Barute,* 4.
L. Capella, *rue Peyrolières.*
Jouet, *allée Lafayette,* 5.
J. Delort, *place du Salin.*
Gleises, *rue*
Manuel, *rue du Sénéchal.*
Bellouquel, *rue des Blanchers,* 52.

ENTREPRENEURS MAÇONS.

Messieurs,

Reynaud père, *à Tounis.*
Gaspard, *rue de la Colombette,* 5.
Azéma, *rue Pouzonville,* 16.
Bernard, *rue de la Colombette.*
Gilés.

ENTREPRENEURS CHARPENTIERS.

Messieurs,

Darles, *rue d'Astorgs,* 19.
Saccareau, *rue Temponières.*
Laborde, *grande rue Saint-Cyprien.*
Bellouquet, *rue des Blanchers,* 52.
Brusson, *quai de Brienne,* 3.
Grateloup, *idem.*
Barbe, *place de la Daurade.*

Bonnefoi, *faubourg Bonnefoi.*
Dauphiné, *place Arnaud-Bernard.*
Trille, père et fils, *faubourg Saint-Aubin.*
Lafontan, *faubourg Saint-Aubin.*
Terret, *rue Pargaminières.*

ENTREPRENEURS-MENUISIERS.

Messieurs,

Bonet père, *rue Fourbastard.*
Delprat, *rue de la Barute.*
Idrac, *rue Boulbonne,* 11.
Pellegry, *rue Boulbonne.*
Severat, *rue Boulbonne.*
Jacoby, *rue de la Pomme.*

TAILLEURS DE PIERRES.

Messieurs,

Rolland frères, *rue grand rempart Saint-Aubin.*
Aimon, *quai Saint-Pierre.*
Krantz, *faubourg Saint-Aubin.*
P. Sénac, *quai de Brienne,* 1.

ENTREPRENEURS-SERRURIERS.

Messieurs,

Racaud, *rue Cujas.*
Rebelly, *rue des Balances.*
Moreau, *rue du Musée.*
Laffore, *rue Saint-Pantaléon*
Aubas, *rue de la Magdelaine.*
Denjean, *rue de la Colombe.*
Ruelle, *rue des Gestes.*

Entrepreneurs-Paveurs.

Messieurs,

Portes, *rue de l'Etoile.*
Duffaut, *boulevard Saint-Aubin.*
Criq, *rue Colombette.*
Gaubil, *rue Colombette*, 9.
Gardés, *rue Colombette.*

Plâtriers.

Messieurs,

Passerieu, *rue d'Embarthe.*
Forcade, *rue de l'Etoile.*
Porteries, *place des Trois-Piliers.*
Taillefer, *rue de la Colombe.*
Fourcade, *île de Tounis.*

ARTISTES.

Peintres.

Messieurs,

Roques père, correspondant de l'institut, *rue des Filatiers.*
Roques fils, *rue Joutx-Aygues.*
Jacquemin, *rue Saint-Etienne.*
Bellisle, *place Saint-Etienne*, 21.
Carrié, *rue Vélane*
Artigue, *rue Saint-Etienne.*
Saurine, *rue Ninau.*
Soulié, paysagiste, *rue Matabiau.*

Julia, paysagiste et décorateur, *rue des Tourneurs.*
Latour, *rue des Prêtres.*
Théodore Richard, paysagiste, *rue de la Magdelaine*, hôtel Saint-Géry.
Prévost, *place Saint-Etienne.*
Madame Duchau, histoire, portrait.
Céroni, peintre décorateur, *rue Lafayette*, maison Arbola.

Sculpteurs.

Messieurs,

Griffoul-Dorval, professeur à l'école des arts, *rue Saint-Pierre.*
Palat, *rue Ninau.*
Deslor, *rue des Pénitens-Blancs.*
Carcenac, *rue Pargaminières.*
Beurné, *rue Pharaon.*
Noubel, *près la porte Saint-Etienne.*
Broustet, *rue des Arts.*

Dessinateurs.

Messieurs,

Gares, professeur, *rue Pargaminières.*
Joseph Pouilh, professeur, *rue Saint-Antoine du T.*
Esquerré, professeur, *rue des Gestes.*

MUSICIENS.

Violon.

Messieurs,

Mast, *rue de la Pomme*, 69, et harmonie, piano, harpes.

Rivière, *rue Vinaigre.*
Bequié, *petite rue Saint-Rome*, et piano.
Berubel *rue des Balances.*
Fumery, *rue du Taur.*
Ones, *rue du Sénéchal*, et vocale.
Guinec, *rue des Couteliers.*
Falcou, *rue des Changes.*
Brassine, *place d'Assezat.*
Villemot, *rue du Peyrou*, et vocale.
Deschamps, *rue du Taur*, et vocale.
Barrère, *rue Croix-Baraignon.*
Michel, *rue des Puits-Clos.*
Bombe, *rue des Filatiers.*

Basse. MM.

Saint-Salvy père, *rue du Peyrou.*
Saint-Salvy fils, *idem.*
Golsee, *rue du Taur.*
Barrère cadet, *rue des Bœufs.*
Ruelle, *rue du Peyrou*, vocale et guitare.
Dominique, et vocale.
Lassave, et vocale.

Basson. MM.

Maurel, *rue de la Pomme.*
Azam, *place Rouaix.*

Piano. MM.

Hangard.
Ponsan fils, *rue Pharaon.*
Cadeaux, *rue Saint-Antoine du T.*
Lauzet, *rue Croix-Baraignon*, et vocale.
Girodet, *rue du Sénéchal.*
Rastouil, *place Saint-Georges.*
Madame Miarténi, *rue Vinaigre*, 13.

Clarinette. MM.

Paul, *rue de la Pomme.*
Barrère, *rue des Bœufs.*

Flûte.

M. Miarténi, *rue Vinaigre*, et guitare.

Cor. MM.

Plante, *au Capitole*, et trombone.
Dubrane, d'harmonie.

Vocale. MM.

Vianny, *place du Capitole*, cor, guittare et harpe.
Bounhoure, *place Rouaix*, cor et violon.
Ladouce, *rue Saint-Etienne.*
Hazard,   idem.

Hautbois et Cor anglais.

M. Rimbert, *boulevard Saint-Aubin.*

Maîtres d'Ecriture. MM.

Albouy, académicien breveté, expert écrivain, *rue des Filatiers*, 42.
Toussaint, *rue du Taur*, 14.
Guerin, *rue Saint-Etienne*, 1.
Jardel, *rue des Fleurs*, 1.
Ginestou, *rue Pierre-Brunière*, 4.
Bousquet, *rue Baronie.*
Bousquet jeune.
Benabent, *rue des Trente-six-Ponts.*
Barthe (Jean), *rue Sainte-Ursule.*
Soulé, *rue des Nobles.*

Maîtres de Danse. MM.

Larieu, *rue Baronie.*
Gaget, *rue d'Aussargues.*
Sallesses, *petite rue Saint-Rome.*

Maîtres d'Escrime. MM.

Revel, *rue de la Pomme*, académicien.
Daure, *rue Saint-Aubin.*
Azay, *petite rue Saint-Rome.*

Professeurs de Langues étrangères.

Anglaise. MM.

Miarténi, *rue Vinaigre*, 13, et italienne.
Butx, *rue*
Fitzimons, *rue Pharaon.*

Italienne. MM.

Saint-André, *rue Saint-Pantaléon.*
Tempestini, *rue Nazareth.*
Miarténi, *rue Vinaigre*, 13.

Espagnole.

M. Ivagnés, *rue des Paradoux.*

Allemande.

M. Bernard Cahen, *rue Poids-de-l'Huile*, 20.

Hébraïque.

M. Bernard Cahen, *rue Poids-de-l'Huile*, 20.

Professeurs de Mathématiques. MM.

Rives, *place Lafayette*, et répète les élèves qui se distinent à l'école Polytechnique.
Doumergue, *rue Nazareth.*

Léon, professeur au Collége-Royal.
Jules Pouilh, *rue Saint-Antoine du T.*

Professeurs de Langue latine.

M. Jules Pouilh, *rue Saint-Antoine du T.*

Professeurs de Littérature.

M. Pauly, *place Saint-Georges*, 4.

INDUSTRIE.

Argenteurs et Doreurs sur métaux.

Messieurs,

Nouaillan, *rue Baraignon*, argenteur.
Pichenot, *rue des Paradoux*, doreur au feu.
Ferrier, *rue de la Colombe*, polisseur de bijoux et doreur au bouchon.

Armuriers.

Messieurs,

Cazes, *place Saint-Georges.*
Aubigny, *rue des Couteliers.*
Maillard, *rue de l'Orme-Sec.*

Artificiers.

Marc, *rue des Pénitens-Noirs.*

Batteurs d'Or.

Villemsens, *rue des Polinaires*, derrière la Dalbade.

Bijoutiers et Joailliers.

Messieurs,

Maillet, *rue de la Pomme*, 40.
Danos, *place de la Trinité*.
Ariband, *rue de la Pomme*.
Courtial, *rue des Filatiers*.
Duprat jeune, *place d'Orléans*.
Peyranne, *idem*.
Roubichou, *idem*.
Rousset, *rue des Chapeliers*.
Esquerré et Astruc, fabriquans joailliers, *rue de la Pomme*, 12, au fond de la cour; objets de fantaisie, diamans, pierres fines, achètent, échangent les matières d'or, argent, pierreries, etc.
Chaubart, *rue de la Pomme*, 28.
Prévost jeune, *rue de la Pomme*, 73.
Emanuel Artaud, *rue des Filatiers*.
Madame veuve Samson, *rue des Filatiers*, orfévre d'église, et vaisselle platte.

Boisseliers et Affineurs.

Messieurs,

Vigé, successeur de feu son père, *rue Peyrolières*.
Vigé neveu, *rue des Couteliers*.
Parant, *rue Riguepels*.
Frugier, *porte Saint-Etienne*.

Blanchisserie de Toiles.

Plohais, *place d'Assezat*, 17.

Bottiers et Cordonniers.

Messieurs,

Tenet, *place des Puits-Clos.*
Delmas, *rue de la Pomme.*
Liarès, *rue Croix-Baraignon.*
Coudon, *rue des Balances.*
Pegot, *rue de la Pomme.*
Coffinal, *rue des Tourneurs.*
Lauteur, *rue des Nobles*, 5.
Pepy, *rue des Arts.*
Védel, *rue Saint-Cyprien.*
Vestrepain, *rue de la Pomme.*
Lauthier, *rue des Arts.*
Tafanel, *rue de la Pomme.*
Teullières fils, *rue Pharaon.*
Idem, *rue des Tourneurs*, claques et chaussure d'enfant.
Comminges, *rue des Balances.*
Buisson, *rue de la Pomme.*
Adolphe, *rue de la Pomme.*
Labrune, *rue Croix-Baraignon.*
Couget, *rue des Arts.*
Loubet, *rue de la Pierre.*

Pompes à incendie.

M. Durand, *rue Temponnières*, 15.
M. Passama, *rue Lafayette*, zing et plomb laminé.

Bourreliers.

Messieurs,

Lupis aîné, *grande rue Saint-Cyprien.*

Ayon, *porte Saint-Etienne.*
Rigaud (François), *rue Saint-Aubin.*

Boyaudiers et Fabriques de cordes à violon.

M. Guelphe, *rue Triperie, faubourg Saint-Cyprien.*

Brodeurs Chasubliers.

Messieurs,

Barateau, *rue Saint-Rome.*
Bent, *rue Saint-Rome.*
B. Dangelé, *rue Tripière.*
Madame Carrel, née Bent, *rue de la Pomme.*

Bronze, Dorures.

Vintard et Lami, successeurs de Buris, *place du Capitole.*
Géraud, *rue de la Pomme*, et pendules, candélabres, etc.
Olivier, *rue Saint-Etienne.*

Brossiers.

Messieurs,

Baqué, *grande rue Saint-Cyprien.*
Margotin, *rue de l'Orme-Sec.*
Toscan, *allée Lafayette.*

Casquettes.

Messieurs,

Bouvène, *rue de la Pomme.*
Ricard, *rue des Tourneurs.*
Madame Gravié, *rue de la Pomme.*

Charpentiers.

Messieurs,

Larroque, *rue des Tourneurs*, 42.
Latrille, *rue du Cheval-Blanc.*
Laffontan, *boulevard Saint-Aubin.*

Chaudronniers.

Messieurs,

Machat, *rue Peyrolières.*
Roussouillères,   *idem.*
Guimet,   *idem.*
Roussouillères fils, *idem.*
Bonnet,   *idem.*

Coton filé. (Marchands de)

Messieurs,

Louis Delon-Brunet, *rue Sainte-Ursule*, teint en bleu.
Montor, *rue de la Trinité.*
Peyrolle, *rue Maison-Professe.*
Guorgos et Serié, *rue des Couteliers.*
Simon et Dallas, *rue des Filatiers.*
Seret, *rue des Couteliers.*
Demoiselles Beudot *rue Pharaon,*

Chocolatiers. (Fabricans)

Messieurs,

Moneghety, *rue Lafayette.*
Francisque, *rue Pharaon.*
Magenties, *rue du Coq-d'Inde.*

Coiffeurs et Perruquiers.

Messieurs,

Balla, *rue de la Pomme*, 10.
Sirven, *rue de la Pomme*, 32.
Durand fils, *rue des Arts.*
Olivier, *rue Saint-Rome.*
Portaire père et fils, *rue Pharaon.*
Expert père et fils, *place du Capitole.*
Carabin, *rue Saint-Étienne.*
Pradel, coiffeur, *rue des Balances.*
Rey, *rue Boulbonne.*
Duroy, *rue Boulbonne.*
Pinel, *grande rue Matabiau.*
Gèze, *rue Saint-Rome.*
Gacheron, *rue Croix-Baraignon.*

Ciriers et fabricans de Cierges et Bougies.

Pérès, *au bas du quai Dillon.*
Rey, *faubourg Saint-Cyprien.*
Gay, *boulevard Saint Pierre.*
Campistron, *grande rue Saint-Michel.*
Bernady, *au bas du quai Dillon*, 2.
Costes.

Colle forte. (Fabricans de)

M. Salamon, *allée Lafayette.*

Cols. (Fabricans de)

Messieurs,

Crilhou, *rue Saint-Rome.*
Roquemartine, *rue des Balances.*

Les demoiselles Crilhou, *rue des Balances.*
Les demoiselles Bellaval, *rue de la Pomme.*
Madame Lizes, *rue des Balances.*
Madame Déjean, *rue des Balances.*

Corsets. (Faiseuses de)

Mesdames,

France, *rue des Tourneurs.*
Saintou, *place du Salin.*
Maurel, *rue de la Pomme,* 12.
Mademoisselle Mieurret, *rue Cantegril.*
Ventard et Lami, *place du Capitole.*

Couteliers.

Messieurs,

Mélou, *rue des Balances,* et instrumens de chirurgie.
Ragourd, *rue Sainte-Ursule, idem.*
Roux, *place Mage.*
Evrard, *place Saint-Etienne.*
Aubigny, *place Saint-Georges.*
Marsoulan, *rue des Couteliers.*

Dessinateurs en broderie.

MM. Cazalot frères, *rue des Filatiers.*
M. Esquirol, *rue de la Colombe.*

Distillateurs, Liquoristes et Confiseurs.

Messieurs,

Mercié, *rue de la Pomme,* 22.
Olivier, *faubourg Saint-Cyprien.*

Maziéres, *rue Baronie.*
Olivier jeune, *rue des Balances.*
Birabent, *rue de la Pomme*, 7.
Marcel aîné, *rue Perchepeinte*, 50.
Emmanuel Valée, *rue du Pont*, 13.
Marcel jeune, *rue Croix-Baraignon*, 22.
Roumieu, *rue des Couteliers*, 22.

Doreurs sur bois.

Messieurs,

Bosc, *rue des Balances.*
Tang, *rue du Cheval-Blanc.*
Bordieu, *rue du Vieux-Raisin.*
Poirot, *rue des Chapeliers*, 3.

Ebénistes, (Fabricans et Marchands de Meubles.)

Messieurs,

Jacoby, *rue de la Pomme*, 32.
Lallemand, *rue du Canard.*
Martin, *rue Pharaon.*
Labor, *rue des Arts.*
Talandier, *rue des Balances.*
Abadie, *rue du Taur.*
Lacombe, *rue Cantegril*, 5.
Granié, frères, *rue de la Pomme*, entrepôt de meubles.

Encres. (Fabricans, Marchands et dépôt d')

Dagalier, libraire, *rue de la Pomme*, dépôt d'encres noires et de couleurs, librairie, papeterie et fournitures de bureau.

Equipemens Militaires.

Messieurs,

Sicard, *rue de la Pomme*, 67, épées, sabres, gibernes, ceinturons, casques, épaulettes et dorures, etc.

Pujol, *place Saint-Etienne*, ceinturons, gibernes, etc. Fournimens complets pour officiers, gardes nationaux à cheval, etc. et fournimens.

Estampes et Cartes géographiques.

MM. Avanzo frères, *rue de la Pomme.*
M. Buron, *rue de la Pomme.*
M. Dagalier, libraire, *rue de la Pomme*, 7, Atlas, Cartes et Sphères.
Madame veuve Turgis, éditeur, *rue Saint-Rome.*

Fleurs artificielles (Marchands et fabricans de)

Messieurs,

Olivier, *rue Croix-Baraignon.*
Grasset, *idem.*
Montlezun, *rue des Arts*, 11, et nouveautés.
Les demoiselles Duc, *rue de la Pomme*, 22.
Mademoiselle Ramond, *rue Croix-Baraignon.*

Fleuristes. (Jardiniers)

Messieurs,

Nantais, *allée Lafayette.*
Ferrière, *Jardin des Plantes*, plantes exotiques et indigènes rares.
Barthère, *allée Saint-Michel*, et pépiniériste.
Béteille, *faubourg Matabiau, idem.*

Fondeurs en caractères.

M. Fénot, *rue Saint-Rome.*
M. Peyranne, *rue Malcousinat.*

FONDEURS EN MÉTAUX.

En Fer et en Bronze.

Messieurs,

Olin, successeur de Chatelet, *au Grand-Rond.*
Belchemith, *chantier des Barques, près du Canal.*

En Cuivre et de Cloches.

Messieurs,

Lafon, *rue Peyrolières.*
Bonnet, *allée Lafayette.*
Louison, *idem,* et de cloches.
Viguier, *rue Bouquières.*

Ferblantiers et Lampistes.

Messieurs,

Passama, *rue Lafayette.*
Passama fils, *rue Saint-Rome.*
Flottard, *rue des Arts.*
Forobert, *rue Peyrolières,* et lampiste.
Lecroc, *place Saint-Etienne,* lanternier pour voitures, etc.
Boulouch fils, *rue Baraignon,* et lampiste.
Géraud, *rue de la Pomme,* 66, lampiste, quincaillerie, et bronze, etc.
Bourgade, *rue Peyrolières.*
Durand, *rue Temponières.*

Fontainiers.

M. Géraud, *au Capitole.*

Fourreurs et Pelletiers.

Breil, *rue des Filatiers.*
Bressac, *rue de la Trinité.*
Lacoste, *rue des Filatiers.*

Fripiers. (Tailleurs)

Assortiment de friperie sur la place S.-Georges, et place d'Orléans (dite des Carmes.)

Messieurs,

Lambert, *rue des Balances,* marchand et tailleur.
Brocas, *idem, idem.*

Gantiers et Culotiers.

Messieurs,

Cassin, *rue Saint-Rome,* et bretelles élastiques.
Cazes, *rue Saint-Rome,* culotier et bandages.
Barutel, *rue des Arts.*
Mercier, *rue Saint-Rome.*

Graveurs sur Métaux, etc.

Marsillac aîné, *rue Bouquières.*
Peyrou, *rue Cantegril.*
Mercadier aîné, *rue des Filatiers,* sceaux, timbres et cachets.
Mercadier cadet, *idem.*

Harnacheurs.

Messieurs,

Chataigné, *rue des Arts.*
Pujol, *place Saint-Etienne*, 4., articles pour l'écurie, pour les chevaux d'attelage, de selle, pour les voyageurs de commerce, plaqué en or, argent ou cuivre étamé, etc. Fournimens pour la Garde nationale à cheval.

Herniaires et Bandagistes.

Messieurs,

Ferand fils, *rue des Tourneurs*, et les instrumens en gomme élastique.
Vidou, *rue des Couteliers.*
Laffont, *rue de la Pierre.*

Horlogerie.

Messieurs,

Passaga, *place de la Trinité.*
Vignaux, *rue des Filatiers.*
Redard, *rue de la Pomme.*
Encely, *place du Capitole*, pendules et bronzes.
Prévost (Marie), *rue de la Pomme, idem.*
Prévost jeune, *rue de la Pomme.*
Sibut, *rue des Balances.*
Boussard, *rue Saint-Etienne.*
Berthaud, *rue des Balances.*
Izac, *place d'Orléans.*
Migeard, *rue de la Pomme.*
Escoubé, *rue de la Pomme.*
Castres, *rue Pargaminières.*

Grosse Horlogerie et Pendules.

MM. Abadie, père et fils, mécaniciens, horloges pour châteaux, hôtels de ville, fabriques, simples, à répétition, prix de 8 à 1200 fr.

M. Boussard, horloger, *rue Saint-Etienne*, pendules, dont le mouvement remonté par la sonnerie, a pour but d'obtenir une force constante, d'un prix très-modéré.

Instrumens de Musique et Facteurs d'orgues, pianos, Accordeurs.

Messieurs,

Kœnics, *rue du Musée.*
Cavayé, père et fils, *rue des Récollets*, inventeurs du poïkilorgue, organistes.
Jacquin (Dominique), *rue de la Pomme.*
Martin fils, *idem*, 72, accorde les pianos, les remet à neuf, etc.
Jeandelle, *rue des Balances*, facteur d'orgues, accorde les pianos.
Mast, *rue de la Pomme*, luthier, guitares et violons.
Méricant, *rue de la Pomme*, flûtes et clarinestes.

Jardiniers-Pépiniéristes.

Messieurs,

Durand-Roquelaine, *hors la porte Matabiau.*
Roquelaine, *au Grand-Rond.*
Murel aîné, *allée Saint-Michel.*
Leflé frères, *aux Récollets.*

Instrumens aratoires.

M. Lacroix fils, propriétaire, *faubourg Saint-Etienne*, charrues, houes, scarificateurs, extirpateurs, etc. Ces instrumens ont été expérimentés par la société d'agriculture de Toulouse, qui en a reconnu la perfection.

Luthiers.

M. Mast fils, *rue de la Pomme.*

M. Valette, *rue Saint-Rome*, 56.

Marbriers.

Messieurs,

Layerle-Capel, *allée Saint-Etienne*, entrepreneur.
Durand-Capel, sculpteur.
Pugens et comp.ᵉ, *rue Lafayette*, entrepreneur, marbres des Hautes-Pyrénées, blancs, statuaires, préférés à ceux de Carrare, etc.
Rouède, *rue des Vases*, sculpteur.
Gaffié, *allée Saint-Etienne.*
Gatimel, *allée Saint-Etienne.*
Roumagnac, *idem.*
Gaffié, *allée des Platanes.*

Maroquineurs.

Messieurs,

Sabathier, *aux Amidonniers.*
Bouineau, *île de Tounis.*
Dulau, *rue ds Amidonniers.*
Oury, *rue des Blanchers*, et chamoiseur.
Amiel fils et comp.º, *rue Mirepoix.*

Mécaniciens.

Messieurs,

Abadie, père et fils, *place Lafayette*; maison Dutemps, l'hydraulique, machines à vapeur, etc., horlogerie, pendules.
Brechan, *place du Salin*, serrurerie et mécanique.
Cardailhac, *boulevard Saint Aubin.*
Delphrat, *rue de la Baruthe*, menuisier, machiniste.
Castex aîné, *place Saint-Michel*, et mesures linéaires.
Castex (Pascal), *idem, idem, idem.*
Roquefort, *idem, idem, idem.*
Dufour, *place du Coq-d'Inde*, grandes horloges et pendules.

Menuisiers en Bâtimens.

Messieurs,

Bonnet (Etienne), *rue Baronie.*
Bonnet cadet, *rue Pénitens-Noirs.*
Delprat, *rue de la Baruthe.*
Delprat jeune, *place d'Orléans.*
Landelle, *rue Saint-Antoine du T.*
Masquerre, *au Jardin des Plantes.*
Idrac, *rue Boulbonne.*
Servat, *idem.*
Bonnet père, *rue Fourbastard.*

Opticiens.

Bianchi, *rue de la Pomme*, 73, optique et lunetterie, instrumens de physique, chimie, mathématiques, etc.; et maison à Paris, *rue du Coq-Saint-Honoré*, 11.

M. Pasturini, *rue de la Pomme*, optique et lunetterie.

Orfévrerie. (Marchands d')

Messieurs,

Circassou, *rue des Filatiers*.
Duprat jeune, *place d'Orléans*.
Artaud, *rue des Filatiers*.
Molas, *idem*.
Alaux, *place du Capitole*.
Gaillard, *place d'Orléans*.
Peyranne, *rue de la Pomme*.
Aribaud, *idem*.

Papeterie et Fournitures de bureaux.

Messieurs,

Bach (Dominique), *rue Saint-Rome*, atelier de réglure, almanachs, nouveautés, registres, etc.
Feuillerat, *rue Saint-Etienne*, confectionne les cartonnages et articles de goût.
Bellegarrigue, *rue des Filatiers*.
Nougairol, *rue Lafayette*, et cartonnage.
Guérin, *rue Saint-Etienne*, estampes et nouveautés.
Meissonnier, *rue Saint-Rome*, articles de bureau, de peinture et couleurs, cadres et toiles, etc.
Lizes, *rue des Balances*.
Trioque, *place Rouaix*, confectionne les cartonnages et articles de goût.
Caraven (Eugène), *rue Saint-Rome*, 21, cartonnage et reliure de registres.

Papiers peints et Tentures. (Fabriques de)

Messieurs,

Veuve Abadie, *rue Pénitens-Gris*, et fabricant.
Destrem frères, *rue de la Pomme*, 5, *idem.*
Lafforgue, *idem.*
Bordes, *place des Puits-Clos.*
Pradel aîné, *allée Saint-Etienne.*

Peignes. (Fabrique de)

M. Lezerac aîné, *grande rue Saint-Cyprien*, 2.
M. Lezerac cadet, *idem*, 4.
M. Sartre, *rue Boulbonne.*

Parapluies, Parasols, Ombrelles.

Messieurs,

Bonnet, *rue des Filatiers.*
Bonnet neveu, *rue des Tourneurs.*
Rieux, *place d'Orléans.*
Serres, *grande rue St.-Cyprien*, et marchand.
Salais, *rue des Chapeliers.*

Parfumeurs et Confiseurs.

Messieurs,

Mercié, *rue de la Pomme.*
Birabent, *idem.*
Girou, *rue Peyras.*
Marcel jeune, *rue Croix-Baraignon.*
Marcel aîné, *place Perchepinte.*
Bonnefoux, *rue Saint-Rome.*
Bertrand cadet, *place Sainte-Scarbes.*
Esparbés, *place Rouaix.*
Roumieu, *rue des Couteliers.*

Olivier, *place Saint-Cyprien.*
Bieussas, *rue Lafayette.*
Maison, *rue du Taur.*

Passementiers.

Messieurs,

Cohem, *rue Saint-Etienne.*
Estelé, *place d'Orléans.*
Lagrange, *rue Croix-Baraignon.*
Rouget, *rue des Chapeliers.*
Saint-Jean, *rue des Balances.*
Remusat, *idem.*

Paussiers.

Messieurs,

Destrac, *rue des Tourneurs.*
Ferrand, *idem.*
Lafont, *rue de la Pierre.*

Peintres en Bâtimens, Décors, Voitures.

Messieurs,

Baron, *allée Saint-Michel,* peintre en voitures.
Latis, *idem, idem.*
Besse, *idem, idem.*
Picard, *idem, idem.*
Merveilleux, *rue du Fourbastard.*
Bordes, *place des Puits-Clos.*
Francés, *rue Peyrolières.*
Ternes, *rue des Paradoux.*
Amans, *rue du Cheval-Blanc.*

Plaqueurs.

M. Marsillac cadet, *rue Bouquières.*
M. Rondoni, *rue Cantegril.*

Plâtres et Chaux.

Mme Delestaing (veuve), *rue Lafayette.*
M. Bonnal, *rue Saint-Aubin.*

Plombiers.

Messieurs,

Passama, *rue Lafayette.*
Durand, *rue Peyras.*
Damade, *rue Peyrolières.*

Presses à vis en bois.

M. Jouet, *rue de la Treille*, presses à drapiers, à relieurs, à vendange.
MM. Fouga et Barrié, *au Jardin des Plantes.*

Peignes de Tisserand.

M. Lezerac aîné, *rue Saint-Cyprien*, 2.

Plumassiers et Fleuristes.

M. Barthelemi, *rue de la Pomme*, plumets et panaches, etc.
M. Monlesun, *rue des Arts*, et fleurs artificielles, nouveautés, etc.

Poids et Mesures et Affineurs.

Messieurs,

Vigé, fils aîné, successeur de son père, *rue Peyrolières.*
Vigé, *rue des Couteliers.*
Parant, *rue Riguepels.*
Frugier, *porte Saint-Etienne.*

Potiers d'Etain.

Messieurs,

Flages, *rue Peyrolières.*
Bellan, *idem.*
Lacroix, *idem.*
Bellan frères, *idem.*
Laurent, *rue Cujas,* 6.

Potiers de Terre et Fabricans de Tuiles et Carreaux.

M.me Meingot (veuve), *rue Montaudran.*
M. Lavergne, *rue des Potiers.*

Relieurs.

Messieurs,

Badiéjous, *rue de la Trinité,* et papeterie, portefeuilles, etc.
Vincens, père et fils, *rue d'Astorg.*
Bellegarde, *rue Boulbonne.*
Lichague, *rue des Gestes.*
Delong, *rue Saint-Pierre.*
Latour, *rue Fourbastard.*
Lartigue, *idem.*
Sage, *rue du Taur.*
Ayral, *rue Saint-Rome.*
Maruac, *rue des Paradoux.*

Taillanderie.

M. Poisson, *boulevard Saint-Aubin,* 9, étaux de forte dimension, filières, vis, etc.

Tabletterie.

M. Méricant, *rue de la Pomme*, fabricant et objets de goût.

Sculpteurs d'ornemens.

Messieurs,

Noubel, *rue Saint-Aubin*, sculpteur statuaire et fabricant de poêles en faïence.
Lafon, fils cadet, *rue Boulbonne*, en bois.
Desor, *rue des Pénitens-Blancs*, idem.
Salomon fils, *rue du Cheval-Blanc*, idem.
Broustet, *rue des Arts*.
Landi, *rue Saint-Antoine du T*.

Serruriers en Bâtimens.

Caussé, *rue Saint-Antoine du T*, 3.
Filhol, *rue de la Colombe*.
Safore, *rue Saint-Pantaléon*.
Mendan, *rue des Nobles*.
Racaud fils, *rue Cujas*, sculpteur et releveur.
Filhol jeune, *rue Tolosane*.
Brechan, *place du Salin*, mécanicien.
Douget, *idem, idem, idem*.

Malles. (Fabricant de)

M. Pigny, *rue des Arts*, et porte-manteaux, valises et articles de voyage.

VOITURES, CARROSSERIE ET SELLERIE.

Toulouse étant, après Paris, l'une des villes de France où l'on construit le plus de voitures, nous avons cru devoir rassembler sous ce titre tous les genres d'ouvriers qui contribuent à leur confection.

Carrossiers et Selliers.

Messieurs,

Arries, *rue de l'Echarpe.*
Blin, *rue Saint-Antoine du T.*
Calmettes aîné, *place de la Trinité.*
Calmettes jeune, *place Saint-Etienne.*
Garros, *rue des Arts.*
Grazidou, *rue des Balances.*
Lacoste, *rue des Arts.*
Lagé, *rue Riguepels.*
Mazel, *rue Cantegril.*
Mousseron, *rue Boulbonne.*
Pons, *rue Nazareth.*
Seitz, *place Saint-Etienne.*
Thibaut, *idem.*
Vilotte, *rue Boulbonne près celle d'Astorg.*

Charrons.

Messieurs,

Berges fils, *allée Saint-Etienne.*
Landelle fils, *place des Pénitens-Blancs.*
Eilles, *allée Saint-Etienne.*

Menuisiers.

M. Frugier, *allée Saint-Etienne.*
M. Renouds, *faubourg Saint-Michel.*

Forgerons.

Messieurs,

Bertrand, *allée Saint-Etienne.*
Derrey, *idem.*
Douget, *allée Saint-Michel.*
Mercié aîné, *allée Saint-Etienne.*
Mercié jeune, *idem.*
Soulé, *idem.*

Peintres.

Messieurs,

Baron, *allée Saint-Michel.*
Caseaux, *idem.*
Picard, *boulevard Saint-Aubin.*
Rouget, *ancien rempart Saint-Etienne.*

Diligences et Malle-Postes.

Messieurs,

Boisset, *allée Saint-Michel.*
Raspaud, *idem.*
Bel, *idem.*
Landelle, *allée Lafayette.*

Soques. (Fabricans et Marchands de

M. Lussan, *rue des Tourneurs.*
M. Bonnafoux, *rue des Changes.*

Suifs et Chandelles. (Fondeurs de)

Messieurs,

Campistron, *grande rue Saint-Michel.*
Gibrac, *faubourg Saint-Cyprien.*
Perès, *idem, au bas du quai Dillon.*
Rey, *idem.*
Campistron fils, *rue Montaudran.*
Gay, *boulevard Saint-Pierre.*
Laforgue, *en face du Château-d'Eau.*

Tableaux. (Marchands et restaurateurs de)

M. Honoré (de Paris), *rue des Arts,* blanchit et remet les gravures à neuf.

Tailleurs d'habits.

Messieurs,

Lebois, *place Rouaix,* marchand.
Richard, *rue des Arts.*
Lepage, *place du Capitole.*
Faure, *rue de la Pomme.*
Figadère, *idem.*
Déprats, *idem.*
Honoré Rigal, *place Rouaix.*

Tailleurs-Fripiers.

Messieurs,

Cavailhé, *rue des Balances.*
Deffés, *idem.*
Français, *rue Saint-Rome.*
Honoré, *rue des Balances.*
Lambert, *idem.*

Tanneurs et Corroyeurs.

Messieurs,

Fieux aîné, *faubourg St-Cyprien, rue Tripière.*
Fieux cadet, *idem.*
Gagnieux, *grande rue Saint-Nicolas.*
Costes, *rue des Récollets.*
Destoup, *rue des Amidonniers.*
Bentalou, *rue du Puits-Vert.*
Amiel, *rue Mirepoix*, et maroquins.
Capin, *île de Tounis.*
Lignères, *rue des Cimetières.*
Veuve Martegoute, *rue Clémence-Isaure.*
Dario, *rue de la Vache*, 5.
Faurie, *faubourg Saint-Michel.*
Brun, *rue Vinaigre.*

Tapisserie et Tapissiers.

Messieurs,

Martres, *rue Pharaon.*
Guilhe fils, *place d'Orléans.*
Lanta, *rue Neuve Saint-Antoine du T.*
Mercadier, *rue des Nobles.*
Toulza, *idem.*
Bunel, *rue Nazareth.*
Granier frères, *rue de la Pomme*, 5.

Teinturiers.

Messieurs,

Manuel, *rue des Amidonniers*, coton rouge et violet.
Magenties, *île de Tounis.*
Magenties (veuve), *rue Boulbonne.*

Tisserands.

Messieurs,

Bastié, *rue de la Colombette.*
Dauch, *rue Montaudran.*
Mauran, *rue Tripières, 51.*
Vignaux, *à la Pate-d'Oie.*

Toiles et Tafetas cirés. (Fabricans de)

Messieurs,

Poirau, *à la Pate-d'Oie.*
Lafforgue, *rue des Balances.*
Lagrange, *idem.*

Toiseurs, Jaugeurs et Mesureurs.

Messieurs,

Daubeze, *rue de la Rispe.*
Lacombe fils, *rue Baronie.*
Descousses, *rue des Moulins*, jaugeur.
Biscons, *à la Halle au Poisson, idem.*
Pech, *port du Canal, idem.*
Sartor, *rue Maletache, idem.*
Pedémont, *rue Saint-Rome, idem.*

Tôle. (Fabriques et marchands de)

Messieurs,

Roussouillères père, *rue Peyrolières.*
Guinet, *idem, idem.*
Roussouillères fils, *idem, idem.*
Arnaud, *idem, idem.*
Machat, *idem, idem.*

Tonneliers.

Messieurs,

Lacombe, *rue Baronie.*
Bergues, *rue de la Colombe.*
Bergal, *rue Fourbastard.*
Ruelle, *idem.*
Fournales aîné, *rue des Couteliers.*
Fournales jeune, *rue Nazareth.*
Saint-Martin, *rue des Paradoux.*
Bergés, *faubourg Arnaud-Bernard.*

Tourneurs-Tablettiers.

Messieurs,

Méricant, *rue de la Pomme*, et instrument de musique et tabletterie.
Duffaut, *rue Peyras.*
Montbet, *rue Fourbastard.*
Niches, *rue des Tourneurs.*

Tourneurs et fabricans de Chaises.

Messieurs,

Aré, *rue des Arts*, et construit les jambes de bois.
Picard, *rue des Tourneurs.*
François, *rue du Vieux-Raisin.*
Marquet, *rue des Biaux.*
Maillet, *rue Boulbonne.*

Vitriers et Peintres.

Messieurs,

Dupeysset, *rue Peyras*, peintre.

Dubac, *rue des Tourneurs*, peintre.
Barthelemi, *grande rue Saint-Cyprien*.
Vincent, *rue du dépôt, à Saint-Cyprien*.
Gaches, *rue des Tourneurs*.

Vétérinaires et Maréchaux-Ferrans.

Messieurs,

Faure, *porte Saint-Etienne*.
Valés, *rue des Balances*.
Barthez, *rue Tripière*.
Delage, *rue des Balances*.

Vanniers-Fabricans.

M. Rivière, *rue de la Trinité*.
M. Cambajou, *rue des Balances*.

PLACES AUX FOIRES

ET MARCHÉS DE TOULOUSE,

Et indication des jours qu'ils se tiennent.

Draperie et étoffes, *hôtel Saint-Jean, rue de la Dalbade*.
Draperie et étoffes, *hôtel des postes, maison Cibiel*.
Foire aux chevaux, bœufs, *à l'Esplanade*.
Marché aux grains (mercuriale), *à la Halle au blé*, les lundi, mercredi et vendredi de chaque semaine.
Marché du prix courant des grains et farines

sur la place de Toulouse, *place Dupuy*, *faubourg Saint-Etienne*.

Marché du bois à brûler, *places Lafayette, du Pont et du Chairedon*; tous les jours, les fêtes et dimanches exceptés.

Marché de la friperie, les lundis, mercredis, vendredis et dimanches, *place Saint-Georges*.

Marché de la volaille, œufs, etc., *place de la Daurade*.

Marché aux cochons, le vendredi, *aux Minimes*.

Marché aux fruits, herbes et végétaux, tous les jours, *sur les places du Capitole et d'Orléans* (dite des Carmes.)

Zing. (Manufacturiers et marchands de)

MM. Passama, père et fils, ferblantiers-plombiers, *rue Lafayette*.

Hôtels-Garnis, Restaurateurs et Traiteurs.

Hôtel de l'Europe, *place Lafayette*, et table d'hôte et restaurant tenus par M. Paul.

Du Grand-Soleil, et table d'hôte, *rue des Arts*.

De France, et table d'hôte, *place Saint-Etienne*.

Pont aîné, et table d'hôte et restaurant, *place du Capitole*.

Hôtel Portes, *rue de la Pomme*.

Du Capitole, chez Vidal, table d'hôte, restaurant et café.

Bonaventure Pont, *place du Capitole*, table d'hôte et restaurant.

De la Providence, *rue Lafayette*, et restaurant.

Des Quatre-Saisons, *rue de la Bourse.*
Du Midi, *place d'Orléans.*
Hôtel Baichères, et restaurant et table d'hôte, *rue des Arts.*

Restaurans.

Casset, *rue Lafayette.*
Domergue, *rue des Balances.*
Lafontaine, *rue des Arts.*
Teichené, *place du Capitole.*
Christian, *rue Saint-Rome.*

Cafés.

Café de la Ville, chez Arbola, *rue Lafayette.*
Lissençon, *place du Capitole.*
Maury, *idem.*
Vidal, *idem.*
Faure, *idem.*
Prady, *idem.*
Dutemps, *place Lafayette.*

Il y a beaucoup d'autres cafés sur les places du Capitole, Lafayette, Saint-Etienne, d'Orléans, etc., et des billards dans la plupart.

Maisons et Commissionnaires de roulages.

MM. Lore-Duroux et Delhom, *rue des Pénitens-Bleus.*

MM. Pugens et Comp.ᵉ, *rue Lafayette,*
Expédient par roulage ordinaire toutes les marchandises qu'on leur consigne.

MM. Auguste Delbosc et Comp.ᵉ, *place Lafayette, à la grande Remise.*

M. Azimon aîné, *rue du Puits-Vert.*

MM. Prix et Comp.ᵉ, *rue du Poids-de-l'Huile.*

MM. Bergniole-Bastide et Cartier, *place Lafayette*, n.º 8.

MM. Tayac aîné et Guilhamede, *rue du Poids-de-l'Huile.*

M. Pierre Baric, *idem.*

Ces maisons expédient pour la France et l'étranger; ont des fourgons accélérés qui partent tous les deux jours pour Paris et pour toutes les villes du Nord; ils font la commission.

M. Prosper Puget, *rue du Poids-de-l'Huile.*

M. Alexis Puget, *place Lafayette*,

Expédient pour la France et l'étranger, et notamment pour le Languedoc.

MM. Raymond, Lafeuillade et Comp.ᵉ, *rue Lafayette*,

Expédient pour les routes de Bayonne et de Paris.

MM. J. Castan et Comp.ᵉ, *place de Lafayette*, agens des transports de la guerre,

Expédient pour la France et l'étranger.

Expédient pour la France et l'Étranger.

Messieurs,

Cuson et Comp.ᵉ, *place Lafayette.*
Rey et Martres, *idem.*
Verdeilhe et Comp.ᵉ, *rue Lafayette.*
Flottes fils, *place Lafayette.*
Comet et Comp.ᵉ, *rue des Péniteus-Bleus.*
Plante et Comp.ᵉ, *quartier Saint-Cyprien.*
Delibes, *idem.*
Lapauze et Brun jeune, *idem.*
Caupel frères, *boulevard Saint-Aubin.*

TRANSPORTS PAR EAU.

Bateau de Poste.

Le bateau de poste du Canal part régulièrement de Toulouse tous les jours à six heures précises du matin, et fait, en trente-six heures, le trajet de Toulouse à Béziers.

Un bateau de poste part aussi de Béziers tous les jours à six heures trois quarts du matin, et fait également, en trente-six heures, le trajet de Béziers à Toulouse.

Un autre bateau de poste fait tous les jours le service entre Béziers et Agde. On se charge du transport des marchandises, or et argent.

Un bateau de poste correspondant aux bateaux venant de Toulouse et de Béziers, part tous les jours à sept heures du matin de Narbonne au Somail, où il revient le même jour à quatre heures et demie du soir.
M. Rouges, *inspecteur-receveur-principal.*

Le bureau du départ de Toulouse est près le pont Saint-Sauveur.

Transports accélérés sur le Canal.

La Compagnie a autorisé, à compter du 1.er Octobre 1832, des transports accélérés de marchandises sur le Canal, prolongé jusqu'à Cette; ces transports sont faits en trois et quatre jours.

M. Rouges, *inspecteur-principal.*

Bateau à vapeur de l'étang de Thau.

La Compagnie a établi, sur l'Etang de Thau, un bateau à vapeur destiné à remorquer les barques, sapines et autres embarcations qui traversent cet étang.

M. Rouges, *inspecteur-receveur-principal.*

Poste sur la Garonne, pour Bordeaux et la route,

Partant les mercredi et samedi de chaque semaine, à six heures du matin, et les autres jours sans heure fixe.

Le bureau est rue Sainte-Ursule, maison Cibiel.

POSTE AUX LETTRES.

DÉPARTS ET ARRIVÉES DES COURRIERS.

Le courrier de Paris part tous les jours, à minuit; il arrive aussi tous les jours. Le trajet se fait en soixante-douze heures.

Bordeaux, Bayonne, Avignon, partent tous les jours, à dix heures et demie du soir; ils arrivent aussi tous les jours dans l'après-midi.

Porteurs ou Messagers.

Castres part tous les jours, à dix heures et demie du soir; il arrive aussi tous les jours dans l'après-midi.

Saint-Gaudens, Tarascon, Lombez, Grenade, Caraman, partent tous les jours, à minuit; ils arrivent aussi tous les jours dans l'après-midi.

Les bureaux sont ouverts tous les jours depuis huit heures du matin jusqu'à midi, et depuis trois heures jusqu'à sept heures du soir.

Le bureau des affranchissemens, chargemens, paiemens des reconnaissances et articles d'argent déposé, est ouvert tous les jours de huit heures du matin à midi, et de deux heures à huit heures du soir.

Les journaux et imprimés de toute nature sont reçus à l'affranchissement jusqu'à six heures du soir seulement.

La dernière levée de la boîte a lieu à dix heures du soir à la direction, et à huit heures du soir aux quatre boîtes d'arrondisssement situées au Palais de Justice, à l'Ecole de Droit, au faubourg Saint-Cyprien et au faubourg Saint-Etienne.

Il est défendu de mettre de l'or ou de l'argent dans les lettres.

Il est bon d'affranchir les lettres pour les conseils d'administration des corps militaires, et pour toutes les personnes chargées de fonctions publiques, parce que la plus grande partie de ces lettres sont refusées lorsque le port n'en est point payé.

Lorsqu'une lettre est destinée pour un lieu où il n'y a pas de bureau de poste, il faut terminer l'adresse par le nom du bureau de poste le plus voisin, et non par celui du lieu de la destination.

POSTE AUX CHEVAUX.

M. Ramel, maître de la Poste aux Chevaux, rue des Arts, 18.

MESSAGERIES ROYALES,

DILIGENCES, VOITURES DIVERSES, LOUEURS DE CHEVAUX.

Messageries et Diligences.

Il part de chez M. le directeur de l'entreprise générale des messageries royales, rue Lafayette, n.º 22, des diligences pour Paris, qui font le trajet dans quatre jours et demi. Le prix des places est très-modéré : on fait au commerce des abonnemens pour le transport des marchandises, or et argent. Les départs ont lieu de deux jours l'un.

Il part tous les jours de chez MM. Lore-Duroux et Delhom, rue Pénitens-Bleus, n.º 1, une diligence, en poste, pour Lyon, Marseille, Avignon, Nîmes, Montpellier, Perpignan, Narbonne, Carcasonne et tout le Midi. — Diligence en poste, pour Montauban, Agen, Bordeaux, Bayonne, Libourne, Nantes, La Rochelle et toute la Bretagne. Départ, de deux jours l'un. — Diligence pour Montauban, tous les jours. — Fourgons accélérés, partant tous les jours pour le Bas-Languedoc.

Il part de la Poste aux Chevaux, rue des

Arts, une diligence pour Bordeaux, de deux jours l'un. — Diligence pour Montauban, Villefranche et Rodez, tous les jours. — Diligence pour Auch, Tarbes, Pau, Bayonne, Bagnères-de-Bigorre et toutes les eaux thermales, tous les jours. — Diligence pour Albi, part de deux jours l'un. — Courrier d'Albi, part tous les jours, à minuit.

Il part de la petite place Peyrolières, près le Pont, tous les jours, le vendredi excepté, une diligence pour Saint-Gaudens; pour Saint-Girons, les lundi, mercredi et samedi; pour Tarbes, Bagnères-de-Bigorre, Cauterets, Saint-Sauveur et Barèges, les lundi, mercredi et samedi, et pour Bagnères-de-Luchon, les dimanche, mardi et jeudi. — Diligence pour Ax, passant par Auterive, Saverdun, Pamiers, Foix et Tarascon, part tous les jours.

Il part de chez M. J. Huc, quartier Saint-Cyprien, une diligence pour Lavaur et l'Ile-Jourdain.

Il part de l'auberge de Fontvielle, quartier Saint-Cyprien, les mardi et jeudi, à neuf heures du matin, et les samedi, à six heures du matin, une diligence pour l'Ile-Jourdain.

Il part de la place Lafayette une diligence en poste de Toulouse à Perpignan, passant par Carcassonne et Limoux, correspondant avec celles de Barcelone, Valence et Madrid.

Il part de l'hôtel de l'Echarpe, près la place d'Assezat, tous les jours, deux diligences pour Muret, et une diligence pour Grenade.

De chez M. Azimon aîné, rue du Puits-Vert,

une diligence pour Ax, qui fait le trajet dans deux jours.

De la place des Pénitens-Noirs, une voiture pour Sorèze.

De chez MM. Grach frères, place Lafayette, n.º 13, une diligence, en poste, pour Castres. — Il part aussi des charrettes.

De chez MM. Vincent, père et fils, place Lafayette, n.º 3, deux voitures pour Castres, de deux jours l'un, l'une passant par Puylaurens, et l'autre par Revel et Sorèze : la première part à sept heures du soir, et la seconde à cinq heures du matin. Tous les jours il part des charrettes pour Castres.

De chez M. J. Castan et Comp.ᵉ, place Lafayette, une diligence, dite l'Hirondelle, pour Nîmes et retour; part tous les jours.

De chez M. Salvayre, rue Nazareth, n.º 41, une diligence pour Tarbes, passant par Boulogne et Trie, part tous les jours à huit heures du soir. — Diligence pour Albi, Lavaur, Saint-Affrique et Milhau, tous les jours, correspondant avec Rodez; l'entreprise de M. T. Bimart, pour Montpellier, Saint-Chély et Clermont. — Diligence pour Saint-Girons, passant par Carbonne, Rieux, Montesquieu, le Mas-d'Azil et les bains d'Audinac, de deux jours l'un. — Diligence pour Auch, correspondant avec les berlines de commerce pour Bordeaux.

De chez M. Lacaux, hôtel de la Daurade, tous les jours, voiture pour Carbonne et Montesquieu.

De chez M. Soulé, près le ci-devant Sénéchal, une voiture pour Albi, le jeudi de chaque semaine. — Diligence pour Castelsarrasin, les mardi et samedi.

De chez M. Demas, rue du ci-devant Sénéchal, une voiture pour Castelsarrassin et Agen.

Voiturins.

Messieurs,

Moulis, *rue des Gestes.*
Salvayre, *place des Pénitens-Noirs.*
Gervasi, *idem.*

Loueurs de Voitures.

M. Baptiste, *petite rue Saint-Rome;* tous les carrossiers.

Loueurs de Chevaux.

Messieurs,

Calmettes, *rue neuve Saint-Antoine du T.*
Baptiste, *petite rue Saint-Rome,* et voitures.
Syre, *rue Saint-Nicolas.*

FIN DU GUIDE DES VOYAGEURS.

Table de Réduction des Monnaies.

NOMBRES.	PIÈCES de 47 fr. 20 c.	PIÈCES de 23 fr. 55 c.	PIÈCES de 5 f. 80 c.	PIÈCES de 2 f. 75 c.
1000	47200	23550	5800	2750
2000	94400	47100	11600	5500
3000	141600	70650	17400	8250
4000	188800	94200	23200	11000
5000	236000	117750	29000	13750
6000	283200	141300	34800	16500
7000	330400	164850	40600	19250
8000	377600	188400	46400	22000
9000	424800	211950	52200	24750

Tables de réduction des Veltes en Litres et en Pégas, et des Pégas en Litres.

VELTES.	LITRES.	VELTES.	PÉGAS.	PÉGAS.	LITRES.
1000	7600	1000	2403	1000	3168
2000	15200	2000	4806	2000	6337
3000	22800	3000	7210	3000	9505
4000	30400	4000	9613	4000	12673
5000	38000	5000	12016	5000	15841
6000	45600	6000	14419	6000	19010
7000	53200	7000	16822	7000	22178
8000	60800	8000	19226	8000	25346
9000	68400	9000	21629	9000	28514

Table de Réduction des 100 Kilogrammes en Poids de table, et vice versâ.

NOMBRES.	Kilogrammes en p. de table.	P. de table en kilogrammes.
10000	24514	4082
20000	49000	8163
30000	73500	12246
40000	98000	16327
50000	122500	20409
60000	147000	24490
70000	171500	28572
80000	196000	32653
90000	220500	36735

Malgré que le véritable rapport du kilogramme au poids de table soit 1 à 2,4514, pour se conformer à l'usage de négliger les fractions, la table ci-dessus a été calculée dans le rapport de 1 à 2,4500.

Mesures Linéaires ou de Longueur.

La Canne de Toulouse (qui contient 5 pieds 6 pouces 4 lignes et 1/5) se divise en 8 empans, l'empan en 8 pouces, et le pouce en 8 lignes.

La canne vaut	1 mèt.	7061.
L'empan	0	2245.
Le pouce.................	0	0281.
La ligne	0	0035.

La Lieue de Toulouse, ou de Languedoc, est de 3000 toises, et vaut 5 kil. 847 mètres.

Mesures Agraires.

L'Arpent de Toulouse se divise en 4 pugnères, la pugnère en 8 boisseaux, le boisseau en 18 perches carrées; ainsi l'arpent contient 576 perches carrées. La perche linéaire étant de 14 empans, la perche carrée contient 3 cannes 0625 ; d'où il suit que l'arpent contient 1754 cannes carrées.

L'arpent vaut ... 0 h.	56 ar.	90 mèt. carrés.	
La pugnère 0	14	23	
Le boisseau 0	1	78	
La perche carrée . 0	0	10	

NOTICE

SUR LES PRINCIPALES EAUX MINÉRALES

DES PYRÉNÉES.

La ville de Toulouse peut être regardée comme le point de réunion où viennent aboutir toutes les routes qui conduisent aux eaux des Pyrénées. C'est pour cette raison que chaque année amène dans ses murs un passage d'environ huit mille étrangers, venant presque tous du nord, nord-est et est de la France; ils se rendent à *Bagnères-de-Luchon*, *Bagnères-de-Bigorre*, *Barèges*, *Cauterets*, *St-Sauveur*, *Ussat*, *Ax*, etc. Dès leur arrivée à Toulouse, ils cherchent à se mettre au fait des habitudes, des plaisirs, des usages et de la manière de vivre, des eaux thermales ; mais jusqu'à présent leur juste curiosité n'a pu être satisfaite, et aucun ouvrage spécial n'est venu combler cette lacune. Nous allons en donner ici quelques faibles notions, en attendant qu'un autre plus heureux mette fin à l'impatience des voyageurs.

ARIÈGE.

Les principales eaux de ce département sont celles d'*Audinac*, d'*Ussat* et d'*Ax* : il y a des diligences qui conduisent de Toulouse à ces établissemens. Les eaux d'*Audinac*, près de *Saint-Girons*, sont minérales acidules; elles sont principalement employées dans les affections bilieuses et la débilité des organes digestifs. Leur analyse a fourni les principes suivans : des sulfates de chaux et de magnésie, de l'hydrochlorate de magnésie, des carbonates de chaux et de fer et de l'acide carbonique. Ces eaux, renommées depuis long-temps, sont à une très petite distance d'un hôtel qui sert de logement à tous les malades; il y a dans la maison une table d'hôte, et l'on sert quelquefois en particulier.

Les eaux d'*Ussat*, aussi classées parmi les eaux minérales acidules, jaillissent à une demi-lieue de *Tarascon*. *Ussat* n'est pas dans une position agréable; mais les curiosités naturelles qui l'avoisinent peuvent offrir un dédommagement aux étrangers. Ainsi, la grotte de *Bédeillac*, remplie de belles stalactites, les mines de fer de *Rancié*, près de la rivière de *Vic-de-Sos*, demandent à être vues. Ces fameuses mines, exploitées depuis tant de générations, et toujours inépuisables, ont un produit moyen annuel de 300,000 quintaux de minerai. Il se vend à raison de 50 centimes les 120 livres ce qui donne 125,000 fr., répartis entre les trois villages de *Senz*, de *Goulier* et d'*Olbier*, dont les habitans fournissent seuls les mineurs, par un droit très ancien passé aujourd'hui en prescription. Le produit du travail des hommes, qui dure cinq ou six heures par jour, est de 2 fr.; celui des jeunes gens et des enfans au-dessus de dix ans, est de 1 fr. à 1 fr. 50 c. Sur cette somme, ils se fournissent l'huile qu'ils brûlent pour s'éclairer, et les outils qu'ils usent dans leurs travaux.

Plusieurs minières sont pratiquées dans la masse de la montagne de *Rancié*, à des hauteurs et dans des directions diverses. Celle aujourd'hui la plus travaillée, est la plus élevée; elle porte le nom de *La Crogne*; elle est environnée de petites cabanes de terre, couvertes d'une grossière charpente, où les mineurs déposent le minerai, que viennent emporter des muletiers préposés à cet ouvrage. Presque toutes les forges des départemens de l'Ariège et de l'Aude sont alimentées par le produit des mines de Rancié: le fer qui en résulte est excellent; il est employé dans toutes les constructions, dans toutes les machines, et recherché pour les arsenaux, ainsi que pour les instrumens agricoles.

Les eaux d'*Ussat*, qu'on n'emploie guère à

l'extérieur, sont principalement recommandées aux personnes affectées de maladies nerveuses et de rhumatismes qui affectent les caractères névralgiques ; elles contiennent de l'acide carbonique, des sulfates et des carbonates de chaux et de magnésie, de l'hydro-chlorate de magnésie.

A l'extrémité méridionale du département de l'Ariège, se trouve la jolie petite ville d'*Ax*, où se trouvent beaucoup de sources sulfureuses dont la chaleur varie de 22° à 75°, thermomètre de Réaumur. Une vapeur sulfureuse annonce au loin combien ce sol est riche de ces eaux utiles. Elles y sont tellement abondantes, que deux fortes sources, réunies en deux bassins à l'est de la ville, servent aux usages les plus vulgaires. Le pauvre y prépare sa soupe, à la faveur de leur chaleur, y fait cuire ses légumes, y lave son linge, et le boulanger y trouve l'eau prête pour son pain ; il n'est pas jusqu'au barbier qui ne l'emploie sur les lieux et ne rase à l'eau minérale. Les trois principaux établissemens de bains sont ceux du *Couloubret*, près l'hôtel de France ; du *Breil*, dans l'hôtel d'Espagne, et de *Boulies*, au couchant de la ville.

L'analyse des différentes eaux d'Ax présente, outre les sels en dissolution dans le véhicule, un gaz composé d'air atmosphérique désoxigéné en partie par de l'hydro-sulfure. On administre les eaux d'Ax en boissons et en bains dans les maladies de la peau, les maladies chroniques abdominales, l'aménorrhée, les ulcères et les anciennes fistules.

Le pic le plus élevé du voisinage d'*Ax* est le mont *Saint-Barthélemy*; pour le gravir, on prend un chemin passant au hameau d'*Ignaux* et le col de *Sioula*. Au-dessus du col est un plateau dépouillé, couvert seulement d'arbousiers, de génièvres et de gazons, où l'on respire un air si pur, qu'il inspire le désir d'un séjour prolongé. On longe ensuite horizontalement les versans de la rivière de Marmare, en laissant les bois de *Caussou* à gauche. Des hauteurs du plateau de *Caussou*, on aperçoit la ville de Prades, la première dans cette direction du bassin de l'Aude. Enfin, le mont *Saint-Barthélemy* offre ses trois cimes nues et déchirées; l'ascension en est pénible, à cause des quartiers amoncelés de granit qu'il faut gravir.

HAUTE-GARONNE.

Ce département possède quelques établissemens d'eaux thermales, à la tête desquels il faut placer *Bagnères-de-Luchon*, joli bourg, bâti dans une vallée délicieuse, auprès du confluent du *Got* et de la *Pique*. Une route superbe y conduit de Toulouse; des relais de poste, établis à *Noé*, *Martres*, *Saint-Gaudens* et *Saint-*

Bertrand, facilitent le transport des voyageurs riches et leur font parcourir, dans l'espace de quinze heures, les sites les plus pittoresques et les plus variés. Une diligence, partant tous les jours dans la saison des eaux, y transporte à un prix modique les étrangers moins fortunés. Mais si le voyageur veut aller d'*Ax* à *Bagnères-de-Luchon*, il doit retourner sur ses pas, passer par *Tarascon* et *Saint-Girons*, venir à *Saint-Martory*, de là à *Saint-Gaudens*; examiner en passant les manufactures établies à *Miramont* et l'église de *Saint-Bertrand*, autrefois *Lugdunum-Convenarum*. Parvenu à ce point, il trouvera à sa droite la vallée de *Barousse*, et plus loin à sa gauche celle de *Saint-Béat*, dans laquelle il devra s'enfoncer pour voir le commencement de celle d'*Aran*, appartenant à l'Espagne, bien qu'elle soit sur le versant septentrional des Pyrénées. C'est dans cette vallée que la Garonne prend sa source. Ce fleuve, flottable au-dessus de la petite ville de *Saint-Béat*, voit ses bords couverts de scieries, de moulins et d'autres établissemens utiles; il reçoit plus bas les rivières de la *Pique*, de la *Neste* et du *Salat*. En quittant *Saint-Béat*, ville très ancienne, où l'on voit les ruines d'un vieux château-fort, et des carrières de marbre blanc, le voyageur pourra rejoindre la grande route de *Bagnères-de-Luchon*. Là, il verra une petite ville composée de maisons propres et bien bâties, dont le faîte, en forme de dôme, est couvert d'ardoises. Une allée d'ormeaux, le long de laquelle s'élèvent des bâtimens élégans, conduit à l'édifice des bains, adossé à la montagne de *Super-Bagneros*. Ce bâtiment est élevé en partie sur les fondemens de celui que les Romains avaient construit. On voit dans la cour un bel autel antique, consacré par eux aux nymphes augustes qui présidaient aux sources du pays. C'est sur les derrières du bâtiment que sortent de la montagne un grand nombre de sources qui sont conduites par des canaux souterrains dans des réservoirs. Ces réservoirs se remplissent et fournissent ensuite aux baignoires, à l'aide des robinets, qui laissent aux malades le choix de l'eau qui leur convient.

Parmi les sources, on remarque : 1º celle de la *Reine*, qui est la plus estimée ; 2º la *Douce* ; 3º la *Chaude*, à droite ; 4º la *Chaude*, à gauche ; 5º celle de la *Salle* ; 6º celle de la *Grotte* ; 7º celle des *Romains* ; 8º celle que l'on nomme la *Grosse*, à cause de son extrême abondance ; c'est aussi celle qui est la plus thermalisée. Toutes ces sources, de nature sulfureuse, ont 24º à 52º degrés de chaleur ; on les prend non-seulement en bains, mais aussi en douches et en boissons. Elles ont une saveur désagréable ; mais on s'y habitue, dans l'espoir que la santé sera le prix de la répugnance vaincue.

La vie animale de *Bagnères-de-Luchon* est

saine, délicate et peu dispendieuse; trois hôtels ou restaurans tiennent des tables d'hôtes, et portent les repas chez les personnes qui désirent manger chez elles. Les mets les plus communs de ces tables sont des truites excellentes, des écrevisses et de l'izard, espèce de chamois propre aux Pyrénées, que les chasseurs vont traquer sur les montagnes les plus élevées du voisinage; quelquefois, lorsqu'on a tué un ours, on vous sert un *beaftack* de cette viande, qui est très bonne.

La société de *Bagnères-de-Luchon* offre dans ses élémens à peu près les mêmes caractères que celles de Plombières, de Vichy, etc. C'est la même variété apportée par chaque étranger; on y remarque des oppositions dans l'accent, le ton, les manières, le genre d'esprit, malgré l'uniformité générale que l'éducation détermine sur les habitans de tous les pays.

L'usage prescrit d'abord des visites générales; la liste des abonnés du wauxhall est un des premiers documens que doit consulter un arrivant. Par là, il apprend quelles sont les personnes qui désirent associer les plaisirs aux remèdes et qui recherchent la société; il peut alors choisir la coterie qui lui convient le mieux. Comme les liaisons se font très-rapidement aux eaux, il est aussitôt accueilli comme individu faisant nombre, et puis, selon sa dose d'amabilité, ou d'après le relief qu'il peut donner à la société ; car la vanité nous suit aux Pyrénées comme ailleurs. Les caractères des liaisons de tout genre étant donc la promptitude, on a senti qu'il fallait profiter d'un temps court et précieux, et que les tâtonnemens et la réserve ordinaires des salons des villes devaient faire place à l'abandon et à la franchise ; il semble qu'on s'y rappelle constamment que le séjour est la vie entière et que le départ une séparation éternelle.

Parmi les plaisirs de *Bagnères-de-Luchon* se présentent en première ligne les promenades à pied et à cheval. La vallée offre une foule de sites charmans, qui ont tous été reproduits par la peinture ; tels que les cascades voisines des villages de *Juzé* et de *Montauban*, la tour de *Castel-Vieil*, le village de *Cazaril*. Ces lieux, peu éloignés de *Luchon*, servent ordinairement de but aux promenades des piétons. Mais si l'on veut faire des explorations dans le fond de la vallée ou sur les pics voisins, il faut alors employer le secours d'une espèce de petits chevaux, très renommés dans le pays pour leur adresse et leur agilité. Ordinairement, lorsqu'on veut faire des courses lointaines, on se réunit en caravanes de vingt ou trente personnes avec des guides à cheval ou à pied, chargés de provisions de bouche. C'est ainsi qu'on va à la vallée du *Lis*, qui a reçu son nom à cause de la grande quantité de lis violets qu'on y voit ;

à la cascade des *Demoiselles*, à celle de *Richard*, découverte en 1829, par le paysagiste de ce nom (1); au pont de *Vénasque*, à celui de la *Picade*, et aux lacs d'*Oo*; cette dernière course est une des plus attrayantes; cependant, son éloignement, la fatigue qu'elle occasionne, et l'apparence du danger qu'on y signale, l'interdisent aux personnes un peu timides.

HAUTES-PYRÉNÉES.

La route qui conduit de Toulouse à Bagnères-de-Bigorre, passe par Muret, Saint-Gaudens et Lannemezan; mais si l'on veut aller de *Bagnères-de-Luchon* à *Bigorre*, on peut se dispenser de rétrograder vers Saint-Gaudens, en prenant un chemin qui conduit de la vallée de l'*Arboutte* à *Arreau*, et de là, dans la vallée d'*Aure* et celle de *Campan*, laquelle aboutit à Bagnères-de-Bigorre. Cette ville, dont les rues sont bien percées et bien arrosées, et les maisons bâties avec élégance, a une population de 7,037 habitans. Sa situation est très agréable; placée au pied des Pyrénées dans un

---

(1) Cet aimable et spirituel artiste a fixé son séjour à Toulouse depuis un an environ. Son atelier, rendez-vous des amateurs des beaux-arts, est situé dans la rue de la Magdeleine, à l'hôtel Saint-Géry.

vallon fertile, elle jouit des agrémens de la vallée de *Campan* et de la plaine de *Bigorre*. Lorsqu'on arrive à Bagnères par Tarbes, la route qui y mène est toujours sur la plaine ; son étendue n'est que de trois lieues, et l'on trouve huit villages à des distances presque égales. On dirait un prolongement de faubourgs du chef-lieu du département. Il en est de même de celle de *Montréjeau* au levant de Bagnères et du chemin de *Lourdes*, au couchant, qui sont remarquables par leur bel entretien. Les promenades de Bigorre fixent l'attention des étrangers; celle de l'hospice, qui domine la vallée, jouit d'une très belle vue sur l'*Adour* et la ville que cette rivière arrose; le jardin anglais de *Théas*, remarquable par ses allées ménagées avec tant d'art sur la pente de la montagne; celle de *Vignaux*, si grande et si belle, aujourd'hui abandonnée aux rêveurs; le chemin des bains du *Salut*; enfin la promenade des *Coustous*, entourée de belles habitations, longée par un canal rempli d'une eau limpide et courante, est au centre de la ville; aussi est-elle une des plus fréquentées.

Les nombreux étrangers qui se rendent à Bagnères, y trouvent les agrémens les plus variés. Ainsi, l'homme qui aime le faste prend son logement dans les belles maisons construites sur la promenade des *Coustous*, dans celles qui sont sur les place d'*Uzer* et aux *Grains* ;

celui qui préfère la solitude et la tranquillité au tumulte du grand monde, cherche le sien dans les quartiers éloignés : partout on en trouve de bien meublés.

Il y a en général trois manières de se loger et de vivre à Bagnères. Les personnes qui y viennent seules, la plupart de celles qui ne s'y proposent qu'un séjour momentané, ou qui veulent s'exempter des embarras du ménage, se logent ordinairement dans les auberges ci-après, où l'élégance de l'ameublement est unie à la complaisance des maîtres et à la chère la plus exquise : Le *Grand-Soleil*, *l'hôtel de France*, l'hôtel du *bon-Pasteur*, l'hôtel de *la Paix*, et *Richard*, traiteur.

Le prix des logemens varie d'une saison à l'autre, et dans les diverses périodes d'une même saison. Ces prix sont subordonnés à l'affluence des étrangers qui arrivent pendant l'année : ils sont moins chers au commencement de mai ; ils augmentent et se soutiennent jusqu'à la fin de septembre, et diminuent insensiblement vers la fin d'octobre, époque où les étrangers quittent la ville.

Les personnes qui se plaisent mieux à la campagne qu'au milieu du tourbillon du monde, trouvent également des maisons dans les environs de Bagnères. Il y a une salle de spectacle à Bagnères, un cabinet de lecture, dirigé par M. *Jalon*, dont l'extrême politesse attire une nombreuse réunion, et l'établissement de *Frascati*.

Mais si des ouvrages de l'art, on passe à ceux de la nature, tel que le vallée de *Campan*, on verra que Bagnères-de-Bigorre est le séjour le plus délicieux. En suivant la route qui la parcourt, on trouvera le hameau de *Gerde*, célèbre dans le pays par la chasse des ramiers; le village d'*Assé*, bâti au pied de ce mont l'*Hiéris*, si connu des botanistes; ceux de *Médous*, de *Baudéan* et de *Campan*. Il ne faudra pas oublier d'aller visiter la fameuse grotte du même nom, la belle carrière de marbre au port de *Paillole*, et la cascade de l'*Adour*, près du village de *Grip*; parvenu à cette hauteur, on trouvera le lac de *Fonchet*, et à 57 toises plus haut, la *Fourquette-des-cinq-Ours*. C'est un petit plateau où viennent aboutir les deux vallons qui s'ouvrent, l'un dans la vallée de *Campan*, l'autre dans celle de *Barèges*. En gravissant toujours devant soi, on arrivera enfin au sommet du *pic-du-Midi* de Bigorre.

Il y a à Bagnères, 16 édifices de bains thermaux et sulfureux, parmi lesquels il faut remarquer les thermes de Marie-Thérèse, les bains de la *Gutière* et ceux du *Salut*. Les autres bains considérables sont les bains de *Lapeirie*, du *Grand-Pré*, de *Santé*, de *Carrère-Lannes*, de *Versailles*, du *Petit-Prieur*, de *Bellevue*, du *Petit-Barèges*, de *Cazaux*, de *Théas*, de *Mora*, de *Laserre* et de *Pinac*.

La chaleur des eaux de Bagnères, varie de 15º à 35 (therm. de Réaumur); les sels qui dominent en général dans ces eaux, sont: l'hydrochlorate de magnésie, le chlorure de sodium, les sulfates de soude et de chaux, les carbonates de chaux, de magnésie et de fer. « Je les
» conseille, dit M. Alibert (1), surtout aux hypo-
» condriaques, aux personnes qui seraient tra-
» vaillées par une mélancolie suicide. C'est là
» que doivent se guérir toutes les maladies
» ventrales, toutes ces irrégularités dans les
» fonctions des entrailles qui attaquent si sou-
» vent les gens de lettres, les jurisconsultes, et
» tous les hommes livrés à des professions sé-
» dentaires. C'est là qu'il faut amener les femmes
» affaiblies par des couches réitérées, et par
» les soins laborieux du ménage; celles qui sont
» épuisées par des flux immodérés, même par des
» peines morales. Les militaires peuvent pareil-
» lement s'y rendre pour y cicatriser d'an-
» ciennes blessures. »

Quand on est sur le *pic-du-Midi* de Bigorre, on aperçoit un passage appelé le *Tourmalet*, qui aboutit au vallon de *Barèges*. C'est sur le flanc de ce mont que se trouve le sentier qui conduit de Bagnères à *Barèges*. Ce voyage est fatiguant. Le plus grand nombre des voyageurs se rend dans ce lieu en passant par *Lourdes*,

---

(1) Précis historique sur les eaux minérales.

petite ville défendue par un château fort. On y aborde par les grandes routes de Pau et de Tarbes.

Barèges est le séjour le plus triste de tous les établissemens thermaux des Pyrénées; mais les compensations les plus précieuses sont attachées à ce local disgracié. Les malades y trouvent les eaux minérales les plus efficaces; les amis des montagnes, les guides les plus exprimentés. Plusieurs corps de bains situés et rapprochés dans le haut *Barèges*, tels que ceux de *Gensy*, du *Pavillon*, de *la Chapelle*, de *l'Entrée*, du *Fond*, de *Polard*, sont insuffisans, et nombre de malades sont obligés de se baigner pendant la nuit. Il y a un bain appelé la *Piscine* qui offre un caractère particulier; sous une esplanade de six toises de long sur cinq de large est une chambre à moitié souterraine; le sol offre un bassin carré, autour duquel des siéges ont été creusés. Dans ce bassin rempli d'eau minérale, et qui peut contenir vingt baigneurs, sont assis les soldats de l'hôpital militaire, fumant leurs pipes et causant pendant qu'on soigne leurs blessures. Cette immersion dans l'eau et la vapeur sulfureuse qui s'en exhale rend ces bains plus efficaces.

La vallée de *Barèges* est affreuse pour le paysagiste; mais les masses de *Néouvielle*, les lacs d'*Escoubous*, le pic-du-Midi de Bigorre, versant leurs eaux dans le Gave, appelé *Bastan*, qui passe à *Barèges*, donnent à cette position un grand intérêt pour le géologue et le minéralogiste à cause de la proximité des sommités du premier ordre.

Barèges, a dit un auteur, n'est ni un bourg, ni un village, ni un hameau; c'est une rue. Le *Bastan* a entraîné et laissé sur ses bords des blocs de granit et de marbre; et c'est sur ses débris que se sont élevées quelques maisons seulement habitées pendant une partie de l'année : les avalanches les menacent sans cesse. Cependant, il existe à *Barèges*, un hôtel, avec écuries et remises, dans lequel il y a une table bien servie à raison de 3 fr. par jour et des chambres pour 1 fr.

Les eaux de *Barèges* sont sulfureuses; elles exhalent une odeur forte et désagréable; leur saveur est, plus que celle de toute autre, fade et nauséabonde. Leur température est de 30° à 40° du thermomètre centigrade; elle varie cependant d'une manière assez prononcée à certaines époques de l'année, et particulièrement lors de la fonte des neiges qui recouvrent les montagnes environnantes. Il est superflu de parler de leurs propriétés médicales, l'Europe entière les connaît, et leur nom suffit pour en faire l'éloge.

Le chemin de *Barèges* à *Saint-Sauveur*, va toujours en descendant; car *Barèges* est à 662 toises au-dessus du niveau de la mer, et domine le bourg de *Luz*, par lequel passe la route de 272 toises. On suit l'étroit vallon du *Bastan* qui s'embranche dans le bassin de *Luz*. Le bourg de ce nom, chef-lieu des vallées de *Bastan* et de *Gavarnie*, est placé dans une vallée triangulaire, de l'aspect le plus gracieux et le plus fécond, et à une très petite distance de *Saint-Sauveur*; beaucoup de malades préfèrent souvent habiter *Luz*, que le village des bains, qui d'ailleurs est souvent trop petit pour contenir tous les étrangers qui fréquentent cette belle partie des Pyrénées.

Saint-Sauveur est sur la rive gauche du *Gave*; c'est une seule rue dont les maisons sont bâties contre l'escarpement de la montagne, dont une rangée est adossée au rocher, tandis que l'autre paraît comme suspendue sur les précipices, au fond desquels le *Gave* roule ses eaux mugissantes. Saint-Sauveur possède treize bains: 1° Bains de la *Capelle*, au nombre de trois, 24° R.; 2° ceux de la *Terrasse*, au nombre de trois, 26° R.; 3° trois de *Béségua*, 27° R.; 4° deux de *Chateguercy*, 28° R.; 5° deux du *Milieu*, 28° R. Ces eaux sont sulfureuses et spécialement recommandées aux personnes atteintes de maux de poitrine et de spasmes nerveux; leur action semble se diriger spécialement sur la sensibilité; on y va quand on est menacé de quelque affection organique, pour des toux commençantes, pour de légers engorgemens des viscères du bas-ventre, pour les désordres de la menstruation, pour des céphalalgies, pour des migraines. On en use pour prévenir les maladies chroniques; en général elles conviennent à des constitutions faibles et délicates. On les administre sous forme de bains; c'est ainsi qu'elles conviennent le mieux; données à l'intérieur, elles sont lourdes et indigestes; les malades préfèrent les eaux de *Bonnes*, que souvent on fait transporter sur les lieux : quand on a besoin de douches, on va les prendre à *Barèges*. Les environs de *Saint-Sauveur* semblent faits pour concourir avec la source thermale au rétablissement de la santé. On a tracé sur la pente qui mène au *Gave*, des massifs de verdure, des allées tortueuses, des bosquets. La partie inférieure se nomme, d'ancienne date, le jardin de Cythère.

Cauterets est une jolie petite ville dont les envions offrent les points de vue les plus pittoresques. La température est agréable; le mont *Vignemale* est la montagne voisine la plus haute, on y voit le lac de *Gaube* dont les avenues ont été peintes par *Duperreux*. On ne peut quitter ces cantons sans aller à *Gavarnie*, sans voir la cascade et les tours du *Marboré*. Depuis *Saint-Sauveur*, la gorge se transforme en un étroit précipice, dont le torrent ravage et occupe le fond. L'on voit *Pragnères et Gèdres* placés dans la plus affreuse solitude. Pas loin de là, se trouve le chemin du vallon de *Féds* qui conduit à une chapelle célèbre, dédiée à la Vierge; et aux masses énormes de granit qu'on a nommées le *Cahos*. L'étonnement est extrême à la vue du *Pic-Blanc*, de la *Brèche de Roland* et de *Néouvielle*, cîme granitique qui est à 1,616 toises au-dessus du niveau de la mer.

Cauterets ne possède dans son sein que les bains *Bruzaud*; sur les pentes voisines, à l'est, sont les bains de *César*, les bains de *Pauze* et les bains des *Espagnols*. Les établissemens, au sud, sont les bains de *la Rallière*, du *Petit-Saint-Sauveur*, du *Pré*, des *OEufs* et du *Bois*. Les bains de *la Rallière*, reconstruits récemment avec magnificence, offrent vingt cabinets, dont les parois, le plafond et le sol sont en marbre. Nulle part, dans les Pyrénées, la nature n'a donné avec autant d'abondance des eaux aussi salutaires qu'à *Cauterets*. L'accroissement de la ville en est la conséquence, et cet accroissement n'est pas encore suffisant.

Les établissemens thermaux des Pyrénées ont chacun une physionomie particulière, déterminée par l'espèce constante des étrangers qui s'y rendent annuellement. Ainsi, le caractère et les usages toulousains prédominent à *Ussat*, *Ax* et *Bagnères-de-Luchon*; ceux de Bordeaux à *Bagnères-de-Bigorre*; *Barèges*, hôpital militaire, offre une population mixte. Paris fournit la majeure partie des habitans de *St-Sauveur*, et surtout de *Cauterets* ; il s'en suit de là, que la manie de la politique et les passions qui en sont les effets, sont plus fortes à *Cauterets* qu'ailleurs ; par conséquent moins de gaité et moins d'abandon.

Le *Lavedan*, nom sous lequel ont été comprises les vallées de l'*Estrem-de-Salles*, d'*Azun*, de *Bun*, de *St-Savin* ou de *Cauterets*, de *Luz*, de *Barèges*, de *Gèdres* et d'*Héas*, d'*Ossoue* et de *Gavarnié*, faisait partie des domaines des rois de Navarre ; il commence près de *Lourdes*, et continue vers *Luz*, en comprenant le bassin d'*Argelez*. Cette contrée doit beaucoup à M. *Chazal*, ancien préfet des Hautes-Pyrénées ; ce magistrat a fait établir des communications faciles entre le bourg de *Cauterets* et les divers établissemens thermaux.

Toutes les courses qui se font à Cauterets et à Saint-Sauveur, s'effectuent au moyen de chaises à porteurs pour les femmes ; les hommes armés de bâtons vont à pied. C'est ainsi qu'on va voir le *pont d'Espagne*, la cascade du *Seriset* et le lac de *Gaube* ; ce lac, d'une eau limpide et de la plus belle transparence, réfléchit admirablement le ciel d'azur, les montagnes et les éboulemens qui l'entourent. Quel plaisir n'éprouve-t-on pas à s'y promener dans le petit bateau consacré à cet usage. Entraîné par la force des rames, on glisse sur sa surface unie comme le cristal : le silence des lieux invite à la méditation, le sentiment d'une douce mélancolie se joint au calme qui règne. On jouit et on admire; mais ce double sentiment s'accroît encore lorsqu'on pense que c'est sur le sommet d'une montagne que se trouve cette étendue d'eau, qui n'a pas moins d'une lieue et demie de circonférence, et 20 à 25 toises de profondeur. Quelquefois il se développe des coups de vent qui peuvent rendre la promenade, sur le lac, dangereuse; en 1832, un jeune anglais accompagné de sa femme, eut l'imprudence malgré les avis du batelier, de s'aventurer sur le lac, par un vent assez fort; lorsqu'ils furent arrivés au milieu, la barque chavira et les promeneurs périrent sans qu'il fût possible de les secourir; cet affreux événement affligea toute la société de *Cauterets*, et l'on se rappelera long-temps dans le pays, du malheur de ces époux.

Nous bornerons ici les documens sur les eaux des Pyrénées, car nous craindrions de dépasser le cadre tracé par le genre de notre publication.

MUSÉE.

Le Musée de Toulouse a été fondé en 1795 dans l'ancien couvent des Augustins ; un décret du 27 juillet 1808 accorda à la ville la propriété des bâtimens occupés par le Musée et l'école des Arts. Peu de villes en France possèdent un établissement aussi considérable, aucune ville de province renferme une aussi belle collection d'objets d'arts et surtout d'antiquités.

L'école des Arts étant jointe au Musée, les élèves recoivent une instruction entière sans sortir du local qui leur est consacré.

On a augmenté l'importance du Musée et de l'école en y formant une collection de plâtres moulés sur l'antique qui a été complétée cette année même par les achats faits à Paris par M. Du Mège, au zèle et aux talens duquel on est redevable de la belle galerie d'antiquités et notamment de la collection de bustes d'Empereurs, frises, ornemens, etc. découverts par lui aux environs de Martres, dans l'ancienne ville *Calhaguris des Conviné*, qu'il a retrouvés.

Il ne manquait plus au Musée que d'être approprié d'une manière convenable qui offrît une garantie pour la conservation des tableaux et des objets d'arts et une entrée digne de toute l'importance de ce monument. Le conseil municipal a senti cette nécessité et 80,000 francs ont été affectés à cette restauration qui s'exécute d'après les projets de M. Urbain Vitry, ingénieur de la ville.

L'entrée a été pratiquée dans la rue des Arts et se compose d'un péristyle composé de six colonnes corinthiennes d'environ 25 pieds de hauteur, en marbre griotte des Pyrénées, les corniches, le fronton seront en marbre blanc également des Pyrénées. Ce péristyle donne entrée dans un vestibule duquel on monte par douze marches à la galerie des tableaux établie dans l'ancienne église dont le caractère religieux et la voute gothique ont disparu par la construction d'une voûte en plein cintre à la Philibert Delorme. 16 colonnes corinthiennes de 17 pieds de hauteur, dont 6 en marbre de brêche violette et 10 en marbre incarnat de Caunes, décorent l'entrée et la sortie de la galerie dont la longueur est de 180 pieds, sur 45 de largeur et 54 pieds 1/2 d'élévation. Cette galerie renferme une riche collection de tableaux des écoles anciennes et modernes, mais dans laquelle on regrette de ne point trouver quelques productions du fameux peintre de paysage Valenciennes, né à Toulouse et de M. Ingres, membre de l'Institut, qui a fait ses premières études dans notre école des Arts.

On communique de cette galerie dans la salle des Antiques, où sont déposés les plâtres dont il a été parlé, par un escalier de 15 marches, en pierre de taille; cette salle gothique dont les voûtes en ogive ne sont supportées que par de petites colonnettes en marbre, est d'une longueur de 132 pieds sur une largeur de 32 pieds.

De la colonnade située au fond de la galerie des tableaux, au côté opposé à l'entrée, on descend par un triple escalier dans le petit cloître construit dans le 17ᵐᵉ siècle et dans lequel doivent être déposés tous les monumens de la renaissance. Une porte fermée par une grille dorée, en fer, conduit dans le grand cloître dont les arceaux gothiques supportés par de frêles colonnettes se marient avec les pampres de vigne et les feuilles des arbres qui ornent le jardin compris entre les quatre côtés. C'est dans ce cloître d'un aspect pittoresque et ravissant que sont placés sur des cippes et des socles en marbre, les bustes, bas-reliefs, tombeaux, Mosaïques, Romains, découverts dans le Midi et à Martres; on y remarque surtout une superbe tête de Vénus et une Ariadne du plus beau style ; ces socles en marbre règnent tout autour du cloître dont un des côtés est consacré aux monumens gothiques et du moyen âge; on y a placé une riche et belle collection de chapitaux gothiques et une suite de statues également gothiques, la plupart peintes et dorées. Ces morceaux de sculpture sont d'autant plus précieux que le vandalisme révolutionnaire en dévastant et mutilant les monumens religieux a rendu extrêmnt rares ces statues gothiques qu'on ne retrouve guère plus intactes.

Toute la surface de ce cloître est carrelée en carreaux de pierre et marbre formant autrefois le sol de la galerie des tableaux qui vient d'être parqueté en bois afin de l'assainir et de préserver les tableaux de l'humidité.

D'après cette rapide description on voit que par son étendue, la variété du style d'architecture qui règne dans les diverses salles, le nombre et la richesse des collections d'objets d'arts, le Musée de Toulouse est le monument le plus important de ce genre que renferment les principales villes du Royaume.

NOTICE

SUR L'ÉTABLISSEMENT DE MM. L. TALABOT ET COMP^e.

C'est au-dessous du moulin du Basacle et de la manufacture de tabac, au milieu de la rue des Amidonniers, et dans une île formée par le cours de la Garonne et le canal de fuite des eaux du moulin, qu'est située l'ancienne manufacture d'aciers, faux et limes, créée par M. Garrigou, chef de la maison Garrigou, Massenet et comp^e; mais qui, depuis le 1er août 1833, s'est réconstituée sous la raison de commerce, Léon Talabot et comp^e, dont M. Léon Talabot, de Paris, ancien élève de l'école Polytechnique, est aujourd'hui le seul gérant.

On s'y occupe toujours de la fabrication des aciers, des faux et des limes, et même de la fabrication des armes.

L'importance de cet établissement est digne de remarque : on peut y examiner douze marteaux et martinets, dont neuf sont affectés à la fabrication des faux.

On peut y voir aussi une magnifique émoulerie, où dix meules, du poids de mille kilog. chacune, sont mises en mouvement, avec huit polissoirs, par un seul moteur. La vitesse des meules est, au moment de la course ordinaire et à la surface, d'environ mille mètres par minute.

La prise d'eau n'est pas moins digne d'attention; car elle aboutit à celle du moulin du Bazacle, au moyen d'un long et beau canal, dont la construction en briques et en bois repose en partie sur un pont de plusieurs arches.

Les objets manufacturés que cette usine livre chaque jour au commerce, se composent de cinq cents faux de diverses grandeurs et diverses formes, toutes propres à soutenir la comparaison avec les meilleures faux de Styrie, et surtout avec celles du grand-duché de Berg.

La fabrication des limes embrasse dans son travail l'imitation de toutes les meilleures limes étrangères; ainsi elle fournit au commerce, de la même manière que la fabrique de faux, c'est-à-dire par jour, 2,500 pièces au moins, 1º en limes fines d'un pouce à vingt de longueur, en tailles bâtardes, mi-douces, douces et très douces, tant en acier raffiné qu'en acier fondu; 2º en rapes de mêmes longueurs, et de quatre grains différens; 3º en carreaux ou grosses limes, et en limes dites en paille, façon d'Allemagne et façon anglaise.

Tout ces produits sont fabriqués avec les aciers du Saut du Tarn, la plus importante des usines de France pour la fabrication des aciers, et qui fait partie de l'exploitation industrielle gérée et administrée par M. Léon Talabot. Leur qualité et leur perfection les font rechercher d'un bout de la France à l'autre, où ils parviennent, avec économie dans le frais de transport : la navigation du Canal du Midi pour plusieurs de nos départemens, celle de la Garonne et la voie de mer pour tout le littoral de la Vendée, de la Bretagne, et de la Manche pour beaucoup d'autres, leur assurent des moyens d'écoulement aussi faciles que multipliés. Mais ce n'était pas encore assez qu'une protection aussi efficace fût assurée aux débouchés; car MM. Léon Talabot et comp^e. ont voulu, en établissant une maison d'entrepôt général de leurs produits, rue Blanche, n° 47, à Paris, se mettre en relation plus directe non seulement avec la capitale, mais encore avec toutes les grandes villes manufacturières de l'est et du nord de la France, ou, pour mieux nous exprimer, avec toutes les localités, où les besoins de les connaître et de les apprécier chaque jour davantage se font plus particulièrement sentir.

ASSURANCE MUTUELLE CONTRE LA GRÊLE.

SOCIÉTÉ DE TOULOUSE,

Autorisée par ordonnances royales des 15 novembre 1826, 8 juin 1828, et 23 mai 1830.

Cette société est la seule autorisée pour les départemens de la Haute-Garonne, Ariège, Aude, Gers, Lot, Lot-et-Garonne, Basses-Pyrénées, Hautes-Pyrénées, Tarn, Tarn-et-Garonne, Landes, Gironde et Pyrénées-Orientales.

Elle a déjà indemnisé plus de six mille sociétaires des dommages que la grêle avait fait éprouver à leurs récoltes.

Chaque canton des treize départemens, compris dans sa circonscription, paie une prime proportionnée aux risques auxquels il est exposé, de manière à établir entre tous les associés un nivellement de chances aussi complet que possible.

Les assurés qui, dans une année calamiteuse, ne pourraient pas recevoir la totalité de la perte essuyée par chacun d'eux, conservent le droit de prendre leur part des excédans produits par les années heureuses, jusqu'à remboursement intégral du dommage.

La société est administrée par un conseil d'administration, un directeur-général, deux inspecteurs, un caissier, et le nombre d'agens qu'il est jugé nécessaire d'établir.

Le conseil-général se forme de la réunion, au chef-lieu de la direction, des cinq plus fort assurés de chacun des départemens faisant partie de l'association.

Les membres du conseil d'administration sont :

MM. le baron de MALARET, président de la société royale d'Agriculture, de l'académie des Sciences et de celle des Jeux Floraux, ainsi que de l'administration des Hospices, président;

Le marquis de CATELLAN, propriétaire;

MM. Prévost-Junior, propriétaire;
Collasson, négociant et propriétaire;
Pagan, conseiller à la cour royale;
Mazoyer, avocat à la cour royale;
Capèle, négociant et propriétaire;
Carayon-Talpayrac, directeur des monnaies;
Lasserre, notaire royal;
Delacroix, propriétaire;
De Planet, propriétaire;
De Pins-Montbrun (marquis);
Portes, propriétaire;
Amiel (Paul), propriétaire et négociant.

DIRECTION GÉNÉRALE.

Rue des Balances, n° 35, hôtel Sans, député.
M. Debax, directeur.

Inspecteurs.

MM. Dannezan (Victor);
Milhès (Pierre).

Caissier.

M. Barrau (Auguste).

Nota. La société a payé, en 1832 et 1833, l'intégralité de la perte essuyée par les récoltes de première classe (céréales). Après ces paiemens, il y a eu, dans chacun de ces deux exercices, excédant. Ces excédans forment un fonds de réserve destiné à couvrir les pertes des années calamiteuses.

COMPAGNIE DU SOLEIL.

Cette compagnie assure à prime fixe contre l'incendie et le feu du ciel.

Outre l'assurance à prime fixe, elle reçoit des assurances avec participation aux bénéfices.

Ce mode fait tourner aux profit des assurés les huit dixièmes des bénéfices ; et, dans aucun cas, ils ne peuvent être tenus à contribuer aux pertes pour plus du double de la prime.

La compagnie assure aussi, sans augmentation de prime, mais seulement avec son fonds de prévoyance, les incendies survenus par suite de guerre, émeute, explosion de poudrière et tremblement de terre.

Elle est la seule, en France, qui assure contre ces quatre derniers risques.

Les bureaux de M. Debax aîné, directeur divisionnaire, inspecteur des départemens du midi, sont situés rue des Balances, hôtel Sans, député, à Toulouse.

M. Pouget, agent-receveur de la compagnie, pour Toulouse, de la Haute-Garonne, est logé rue du Pont-de-Tounis, maison Marnac, n° 5.

FOIRES

DU DÉPARTEMENT DE LA HAUTE-GARONNE.

ARRONDISSEMENT DE TOULOUSE.

Cantons.	Communes.	Ep. des foires.	Durée.
Montastruc.	Azas.	2 nov.	1 jou.
		8 mai.	Id.
		20 août.	Id.
Id.	Bessières.	5 févr.	Id.
		3 mai.	Id.
		20 août.	Id.
		27 nov.	Id.
Fronton.	Bouloc.	1er lundi de juill.	Id.
		21 déc.	Id.
Id.	Bruguières.	8 sept.	Id.
Grenade.	Burgaud.	18 mars.	Id.
		8 mai.	Id.
		6 août.	Id.
		18 nov.	Id.
		12 déc.	Id.
Montastruc.	Buzet.	22 juill.	Id.
		25 nov.	Id.

(233)

Cantons.	Communes.	Epoque.	Durée.
Verfeil.	Bonrepos.	1er sept.	1 jou.
Cadours.	Cadours.	2e merc. de févr.	Id.
		3e merc. de mai.	Id.
		1er merc. de sept.	Id.
		1er merc. de nov.	Id.
Castanet.	Castanet.	29 oct.	Id.
Fronton.	Castelnau-d'Estretefonds.	24 juill.	Id.
		28 oct.	Id.
Grenade.	Daux.	25 août.	Id.
Fronton.	Fronton.	1er mai.	Id.
		16 août.	Id.
		9 déc.	Id.
Verfeil.	Gragnague.	13 janv.	Id.
		28 oct.	2 jou.
Grenade.	Grenade.	24 févr.	1 jou.
		6 mai.	Id.
		22 juill.	Id.
		18 oct.	Id.
Montastruc.	Lapeyrouse.	22 avril.	Id.
		24 oct.	Id.
Grenade.	Launac.	2 févr.	Id.
		2 avril.	Id.
		8 juin.	Id.
		4 août.	Id.
		8 nov.	Id.

Cantons.	Communes.	Epoque.	Durée.
Verfeil.	Lavalette.	25 mars.	1 jou.
		14 août.	Id.
		8 sept.	Id.
Léguevin.	Lévignac.	17 févr.	Id.
		Mardi de la semaine sainte.	Id.
		25 avril.	Id.
		27 mai.	Id.
		12 août.	Id.
		14 sept.	2 jou.
		22 nov.	1 jou.
		21 déc.	2 jou.
Léguevin.	Léguevin.	20 févr.	1 jou.
		20 avril.	Id.
		20 août.	Id.
		20 nov.	Id.
Fronton.	Montjoire.	16 août.	Id.
		29 nov.	Id.
Toulouse.	Portet.	5 mai.	Id.
		9 nov.	Id.
Montastruc.	Montastruc.	24 févr.	Id.
		14 juin.	Id.
		24 août.	Id.
		14 sept.	Id.
		8 déc.	Id.
Fronton.	Saint-Jory.	1er févr.	Id.
		23 avril.	Id.
		10 août.	Id.
		3 oct.	Id.

Cantons.	Communes.	Epoque.	Durée.
Toulouse.	Toulouse.	1er févr.	3 jou.
		Jeudi-Saint, viande salée.	1 jou.
		Lundi après Quasim.	8 jou.
		1er mai, p. les fleurs.	1 jou.
		Lundi de la Pentec.	3 jou.
		25 juin.	8 jou.
		28 juin.	1 jou.
		25 août.	8 jou.
		8 sept.	1 jou.
		1er déc.	8 jou.
Fronton.	Vacquiers.	1er mai.	1 jou.
		11 nov.	Id.
Villemur.	Villemur.	25 août.	Id.
Verfeil.	Verfeil.	25 avril.	Id.
		29 juin.	Id.
		16 sept.	Id.
		18 nov.	Id.

ARRONDISSEMENT DE MURET.

Cantons.	Communes.	Epoque.	Durée.
Auterive.	Auterive.	11 nov.	1 jou.
		25 janv.	Id.
		Jeudi après Quasim.	Id.
		Lundi de la Pentec.	Id.
		11 août.	
Carbonne.	Carbonne.	Jeudi avant la Purific.	Id.
		Jeudi de la 3e sem. de carême.	Id.
		25 avril.	Id.
		3 août.	Id.
		Jeudi après le Rosaire.	Id.
		6 déc.	Id.
Cintegabelle.	Cintegabelle.	29 oct.	Id.
		6 déc.	Id.
		Mardi après Quasim.	Id.

Cantons.	Communes.	Epoque.	Durée.
Cazères.	Cazères.	12 foires annuelles qui se tiennent le 2ᵉ samedi de chaque mois, et qui durent chacune un jour.	
Fousseret.	Fousseret.	25 janv.	1 jou.
		26 mars.	Id.
		22 mai.	Id.
		18 juin.	Id.
		11 août.	Id.
		20 sept.	Id.
		29 oct.	2 jou.
		16 déc.	1 jou.
Cintegabelle.	Gailhac-Toulza.	20 mars.	Id.
		10 mai.	Id.
		4 août.	Id.
Muret.	Lagardelle.	14 mars.	Id.
		1ᵉʳ juin.	Id.
		16 août.	Id.
		31 déc.	Id.
Carbonne.	Longages.	30 janv.	Id.
		1ᵉʳ déc.	Id.
Auterive.	Miremont.	Lundi après les Rois.	Id.
		1ᵉʳ lundi de carê.	Id.
		15 mai.	Id.
		21 juin.	Id.
		28 sept.	Id.
		22 déc.	Id.

Cantons.	Communes.	Epoque.	Durée.
Cazères.	Martres.	25 avril. 28 août. 13 déc.	1 jou. Id. Id.
Montesquieu-Volvestre.	Montesquieu-Volvestre.	3 févr. Lundi avant les Ram. 8 mai. 23 juin. 26 juill. 7 sept. 29 sept. 31 oct. 13 déc.	Id. Id. Id. Id. Id. Id. Id. Id. Id.
Id.	Montbrun.	Lundi gras. 23 avril. 17 août. 7 déc.	Id. Id. Id. Id.
Muret.	Muret.	1er sam. de chaq. mois.	Id.
Carbonne.	Noé.	20 janv. 10 mai. 9 sept. 12 nov.	Id. Id. Id. Id.
Rieumes.	Rieumes.	25 févr. 15 avril. 31 mai. 1er juill. 4 août. 21 sept. 12 nov. 21 déc.	Id. Id. Id. Id. Id. Id. Id. Id.

Cantons.	Communes.	Epoque.	Durée.
Rieux.	Rieux.	7 janv.	1 jou.
		16 mai.	Id.
		11 juin.	Id.
		11 nov.	Id.
Saint-Lys.	Saint-Lys.	7 janv.	Id.
		23 févr.	Id.
		13 avril.	Id.
		6 mai.	Id.
		25 juin.	Id.
		29 août.	Id.
		18 oct.	Id.
		2 déc.	Id.
Carbonne.	Saint-Sulpice.	4 janv.	Id.
		4 févr.	Id.
		4 mars.	Id.
		4 avril.	Id.
		4 mai.	Id.
		16 juin.	Id.
		4 juill.	Id.
		1er août.	Id.
		14 sept.	Id.
		20 oct.	Id.
		4 nov.	Id.
		4 déc.	Id.
Auterive.	Venerque.	Jeudi gras.	Id.
		26 avril.	Id.
		23 juin.	Id.
		13 août.	Id.
		9 oct.	Id.
		20 nov.	Id.

ARRONDISSEMENT DE SAINT-GAUDENS.

Cantons.	Communes.	Epoque.	Durée.
Aurignac.	Alan.	Vend. après la St-Blaise	1 jour
		1er vend. de juin.	Id.
		1er vend. d'octob.	Id.
		1er vend. après la Saint-Nicolas.	Id.
Aurignac.	Aulon.	3e vend. du carê.	Id.
		25 juin.	Id.
		6 sept.	Id.
		18 déc.	Id.
Aspet.	Aspet.	Dernier merc. de janvier.	Id.
		Mardi avant la Pentec.	Id.
		Dernier mercr. d'août.	2 jou.
		25 nov.	3 jou.

Cantons.	Communes.	Epoque.	Durée.
Aurignac.	Aurignac.	22 janv.	1 jou.
		Mardi après Pâques.	Id.
		Mardi de la Pentec.	Id.
		30 juin.	Id.
		22 sept.	Id.
		25 nov.	Id.
Bagnon.	Bagnon.	12 mai.	Id.
		25 sept.	Id.
		29 oct.	Id.
		24 nov.	Id.
Boulogne.	Boulogne.	Mercr. ap. les Rois.	2 jou.
		Mercr. après le 15 avril.	1 jou.
		Mercr. après le 15 mai.	Id.
		Mercr. après le 24 juin.	Id.
		Mercr. avant le 15 août.	Id.
		Mercr. après le 8 sept.	Id.
		10 nov.	3 jou.

Cantons.	Communes.	Epoque.	Durée.
Aurignac.	Cassagnabère.	2 janv. Premier lundi de carême. 13 mai. 2 sept. 2 nov.	1 jou. Id. Id. 2 jou. 1 jou.
L'Isle-en-Dodon.	L'Isle-en-Dodon.	24 foires par an d'un jour chacune, les 12 premières ont lieu le dernier samedi de chaque mois, et les 12 dernières le 2ᵉ samedi de chaque mois.	
Montréjeau.	Montréjeau.	Lundi ap. St-Mathias. Lundi après la Trinité. Lundi ap. la St-Barthél. Lundi ap. St-André.	1 jou. Id. Id. Id.
L'Isle-en-Dodon.	Saint-Frajon.	5 janv. 30 déc.	Id. Id.

Cantons.	Communes.	Époque.	Durée.
Saint-Béat.	Saint-Béat.	Mardi avant les jours gras.	2 jou.
		Mardi avant le 1er mai.	Id.
		Mardi après St-Michel.	Id.
		19 nov.	5 jou.
		Mardi av. Noël.	2 jou.
St-Bertrand.	Saint-Bertrand.	4 mai.	1 jou.
		17 oct.	Id.
St-Gaudens.	Saint-Gaudens.	2e jeudi de carê.	Id.
		Jeudi après l'Ascen.	Id.
		1er jeudi de sept.	Id.
		1er jeudi ap. St-Nicolas.	Id.
Id.	Saint-Marcet.	22 juill.	Id.
St-Martory.	Saint-Martory.	21 janv.	Id.
		25 avril.	Id.
		17 août.	Id.
		9 oct.	Id.

Cantons.	Communes.	Epoque.	Durée.
Montréjeau.	Saint-Plancard.	Vendr. ap. la St-André.	1 jou.
		Vendr. ap. St-Barnabé	Id.
Salies.	Salies.	Lundi après la Sexagés.	Id.
		Lundi après les Rameasus.	Id.
		Lundi après le 28 mai.	Id.
		1er lundi d'août.	2 jou.
		1er lundi d'octob.	1 jou.
		1er lundi de déc.	Id.
St-Gaudens.	Valentine.	11 nov.	Id.

ARRONDISSEMENT DE VILLEFRANCHE.

Cantons.	Communes.	Epoque.	Durée.
Villefranche.	Avignonet.	1er lundi de carê.	Id.
		Jeudi avant la Pentec.	Id.
		8 oct.	Id.

Cantons.	Communes.	Epoque.	Durée.
Caraman.	Auriac.	30 avril. 11 août. 11 nov.	1 jou. Id. Id.
Montgiscard.	Montgiscard.	12 foires par an, le 2ᵉ jeudi de chaque mois durant chacune un jour.	
Montgiscard.	Baziège.	8 janv. 10 juin. 10 juill. 8 sept. 21 oct.	1 jou. Id. Id. Id. Id.
Lanta.	Bourg-Saint-Bernard.	25 janv. Mardi après la Pentec. 1ᵉʳ oct. 1ᵉʳ déc.	Id. Id. Id. Id.
Nailloux.	Calmont.	1ᵉʳ mar. 26 mai 26 août. 1ᵉʳ déc.	Id. Id. Id. Id.
Caraman.	Caraman.	1ᵉʳ jeudi de chaq. mois.	Id.
Id.	Le Faget.	25 nov.	Id.
Montgiscard.	Fourquevaux.	15 févr. 20 mars. 11 juin. 22 sept. 13 déc.	Id. Id. Id. Id. Id.

Cantons.	Communes.	Epoque.	Durée.
Id.	Labastide-Beauvoir.	11 févr.	1 jou.
		18 mai.	Id.
		22 août.	Id.
		30 oct.	Id.
Lanta.	Lanta.	23 avril.	Id.
		28 oct.	Id.
Caraman.	Loubens.	6 juin.	Id.
		1er sept.	Id.
		4 nov.	Id.
Villefranche.	Montesquieu.	1er avr.	Id.
		25 juill.	Id.
		6 sept.	Id.
		9 nov.	Id.
Id.	Montgaillard.	23 mai.	Id.
		6 août.	Id.
Nailloux.	Nailloux.	4 mai.	Id.
		25 juin.	Id.
		25 sept.	Id.
		12 nov.	Id.
Revel.	Revel.	3 févr.	Id.
		3 mai.	Id.
		22 sept.	Id.
Id.	Saint-Félix.	Jeudi après la Pentec.	Id.
		Mardi après la Touss.	Id.
Revel.	Saint-Julia.	27 avril.	Id.
		3 août.	Id.
		22 déc.	Id.

Cantons.	Communes.	Epoque.	Durée.
Villefranche.	Villefranche.	12 foires annuelles qui se tiennent le dernier vendredi de chaq. mois, et durant un jour.	
Id.	Villenouvelle.	Lundi Saint. 2 juin. 25 juin. 21 déc.	1 jou. Id. Id. Id.

HARAS.

Par une ordonnance du 19 juin 1832, les haras et dépôts d'étalons ont été reduits au nombre de 20, divisés en quatre arrondissemens d'inspection.

Le département de la Haute-Garonne est compris, ainsi que ceux des Hautes-Pyrénées, du Gers et de l'Ariége, dans la circoncription du dépôt de Tarbes, qui fait partie du 4e arrondissement d'inspection.

Cet arrondissement comprend les établissemens de Pau, Tarbes, Libourne, Aurillac et Rodez.

Inspecteur-géneral du 4e arrondissement.
M. Dupont.

CABINETS CURIEUX.

M. Beguillet, *rue d'Astorg*.

Collection classique d'histoire naturelle, coquilles, oiseaux des quatre partie du monde, insectes, etc.

Estampes anciennes et modernes, et dessins originaux.

Colonel Dupuy, *grande rue Saint-Michel.*
Collection classique de minéralogie.

M. Du Mège, *rue du Taur.*
Collection d'antiquités Egyptiennes, Grecques et Romaines; morceaux précieux du moyen âge, médailles.

M. le colonel Dubarry, *rue St-Antoine du T.*
Collection d'antiquités Egyptiennes, Grecques, Romaines; objets du moyen âge, collection de tableaux.

M. le marquis de Castellane.
Immense collection d'estampes depuis l'origine de la gravure, jusqu'à nos jours, classées par écoles et par ordre de dates, livres et tableaux précieux.

M. Roucoule, *conseiller à la cour royale.*
Nombreuse collection d'estampes anciennes et modernes, bibiothèque nombreuse et choisie.

M. de Furgole, *conseiller à la cour royale.*
Estampes anciennes et dessins originaux.

M. Olmade, *rue Baronie.*
Grand nombre de tableaux de toutes le écoles, estampes anciennes et modernes.

M. Soulage, *place Saint-George.*
Antiquités, médailles, objets du moyen âge.

M. Bousquet *rue Baronie* 8.

Manuscrits et tableaux.

M. Julia *peintre, rue des Tourneurs.*

Tableaux et estampes.

M. Bazière, *rue des Filatiers, marchand Orfèvre.*

Tableaux, minéraux et bronzes antiques.

M. Pécharman, *rue de la Pomme.*

Tableaux et gravures anciennes.

M. Gouraud-Fauvel, *professeur de Taxidermie, rue du Collége-Royal,* n° 9.

Dans quatre leçons M. Fauvel fait un excellent élève dans l'art qu'il professe. Trente-trois élèves qui lui donnèrent leur confiance l'hiver dernier, sont les seules garanties qu'il offre aux amateurs pour preuve de l'excellence de sa méthode. Le prix des quatre leçons est de 30 fr. et l'élève en sait assez après, pour empailler tous les individus composant le règne animal.

Tous les outils et ingrédiens nécessaires à la manipulation lui sont gratuitement fournis par le professeur, lequel en outre, leur fait don à chacun d'une précieuse collection de 150 médailles des grands hommes européens. Les élèves jouiront de la commodité de travailler dans un bel et vaste atelier, réunissant tous les genres d'agrément, et auront à leur disposition tous les meilleurs ouvrages d'histoire naturelle, avec planches coloriées.

Voir le prospectus de cette année pour de plus amples détails.

EAUX MINÉRALES NATURELLES ET ARTIFICIELLES,

Chez M. Bonnal, pharmacien, place Perchepinte, n° 48, à Toulouse.

Depuis la publication de notre dernier annuaire, M. Bonnal, jaloux de doter ses concitoyens d'un genre de médicamens dont l'utilité n'est plus contestée, a fait confectionner par un des plus habiles mécaniciens de la Capitale un appareil pour la fabrication des eaux de seltz, et généralement toutes celles dont les analyses sont connues; cet établissement est une heureuse acquisition pour notre ville, et que nous ne saurions trop recommander à la confiance de nos concitoyens.

Grand établissement pour la confection des eaux minérales, gazeuses de toute espèce, des limonades, orangeades, gazeuses et vins mousseux.

Dépôt général des eaux minérales naturelles de Bonnes, de Barèges, de Capver, de Cauterets, de Cransac et de Balaruc, chez M. Magnes jeune, pharmacien, *rue de la Pomme* 12.

IMPRIMERIE LITHOGRAPHIQUE, AUTOGRAPHIQUE ET EN TAILLE-DOUCE.

Chirac, graveur et éditeur de lithographies, Allée Lafayette.

Impression de la musique, en taille douce.

Entrepôt de pierres lithographiques de toute qualité et de tous objets relatifs à l'impression et au dessin lithographique, tels : qu'encre, crayons, grattoirs, égrainoirs, acier pour plumes, etc.

SUPPLÉMENT

AU

GUIDE DES ÉTRANGERS.

Liste des Experts Géomètres, résidans à Toulouse et appelés devant les tribunaux.

Messieurs,

Fourcade aîné, *rue St-Remésy, 36.*
Fourcade cadet, *rue Mage.*
Guy, *rue St-Rome 5o.*
Lacurie, *rue des Arts, 5.*
Malude, *rue des Tourneurs, 36.*
Reynis, *place du Pont, 12.*
Richard, *rue Mage.*

ARCHITECTES.

Messieurs,

Cambon, *rue Fourbastard.*
Delor, *rue Pargaminières.*
Gonin, *rue de la Pomme.*
Rivet, *rue des Renforts.*
Vitry, *place des Paradoux,* ingénieur de la ville.

M. Desplace, ancien directeur de l'Observatoire, *rue de l'Homme-Armé* 4, derrière la Fonderie, répète les élèves qui se destinent à l'école polythechnique.

M. Raynolt (Jacques), *boulevard St-Aubin*, 31. Machine à vapeur pour pulvériser toute sorte de substances médicinales et autres; fabrique d'huile d'amandes douces, de reglisse préparée, et chocolats assortis.

M. Despax aîné; fabrique de chaux, plâtres, et amendemens calcaires pour les blés et la vigne, *place Patte-d'Oie*, à Toulouse.

M. Manuel, *rue des Amidoniers*; scierie à plaquage pour ébénisterie.

M. Sales, *Pont des Demoiselles*; noir animal, chaux, plâtres, goudron et escences.

M. Doumenjou, ingénieur-mécanicien, *rue Fourbastard*, 15, construit des machines à vapeur, roues hydrauliques, moteurs à vent ménagé, souffleries pour les hauts fourneaux, moulins à blé et leurs accessoires; moulins à taud et leurs haches, ancres, machines et pompes pour élever l'eau, scieries pour le bois et la pierre, treuils, presses de toute espèce, communications de mouvemens pour les usines; il fait de plus tout ce qui a rapport à l'hygiène et à l'économie domestique.

M. Foch, horloger-mécanicien, *rue Montaudran*, 47, fabrique des horloges d'église, de château, de manufacture, et des tondeuses pour les draps, etc.

M. Poisson, *boulevard St-Aubin*, fabrique des étaux et vis en fer de toute dimension.

BAINS PUBLICS.

Baichère, *rue des Arts*, 15. Bains de santé très bien tenus. On peut se faire servir dans les cabinets des consommés, du chocolat, café au lait, etc.

Messieurs,

Stoll, *au Boulingrin ou Grand-Rond.*
Dutemps, *place Lafayette.*
Vidal, *place Royale.*
Sabatier, *rue des Couteliers.*
Bajou, *à l'Ile de Tounis.*

M. Roquelaine fils et Auguste Gabarrou, propriétaires de forêts, *aux Minimes*, hors la barrière de l'octroi : bois de construction et de menuiserie en sapin, peuplier, pin, bois de Nerva, noyer, chêne, hêtre et autres bois de toutes les dimensions, équarris, en grume, ou planches et madriers.

Delibes Léon Décamps, etc. maison de commission, fabrique de cotons filés.

Atelier de teinture, rue du Musée, n° 23.

Filature hydraulique, *rue des Amidonniers.*

DRAPERIE EN GROS.

Messieurs,

Pascal Estrade, *rue des Paradoux.*
Ville et Lafontaine, *idem*
Fortuné Laurens et comp^e, *rue Ste-Ursule.*
Deffès, Lezat et comp^e, *idem.*

DRAPERIE EN DÉTAIL.

Messieurs,

Sentis et Dastarac, *place de la Pierre.*
Magre J.-B., *idem.*
Bellegarigue et comp^e, *idem.*
Berdoulat frères, *rue des Changes.*
Berdoulat père et fils, *place de la Pierre.*
Delquié, *rue des Changes.*
Calmels aîné, *idem.*
Ch. Davasse, *idem.*
Danjoi et Davasse, *idem.*
Lapierre, *rue St-Rome.*
Courrège et Paulin Bieu, *idem.*

ROUENNERIE, INDIENNES, TOILERIE EN GROS.

Messieurs,

Joseph Cassaing et comp^e, *place d'Assezat.*
Ducos, frères et comp^e, *idem.*
Gounon, *rue de la Bourse.*

Meyran, mère et fils, *rue de la Bourse.*
Paul Montané et comp⁰, *idem.*
Joseph Viallet, *idem.*
Nogaret et comp⁰, *idem.*
Joseph Latour et comp⁰, *idem.*
Pascal Recoules, Garipuy et comp⁰, *idem.*
Brun et Mallafosse, *place de la Bourse.*
Joseph Laget, *idem.*
Thuries et comp⁰, *idem.*
Faure aîné, *rue Ste-Ursule.*
Sainton et Peysies, *idem.*
Fourcade frères, *idem.*
Dulaurier jeune, *idem.*
A. Peyre Brunet et comp⁰, *idem.*
Martin aîné, *idem.*
Lahille aîné, et Froment, *idem.*
Cibiel fils aîné et jeune, *idem.*
Canals et comp⁰, *idem.*
J. Baille et Garetra, *place d'Assezat.*
Truilhet, *rue de la Bourse.*
Doat frères, *idem.*
Héron et comp⁰, *place de la Bourse.*

SOIERIE, TOILERIE ET LINGERIE EN DÉTAIL.

Messieurs,

Garrigues et Esquerré, *rue Maison-Professe.*
Moudenc et comp⁰, *idem*
Bessières, *idem.*
Veuve Coutan, *rue de la Trinité.*

Richard jeune, *rue de la Trinité.*
Dolques, *idem.*
Gasc et Lasserre, *place de la Trinité.*
Bidache et St-Victor, *idem.*
Veuve Abadie, *idem.*
Foulquier, *place Rouaix.*

ENTREPOSITAIRES DE BOISSONS.

Messieurs,

Joseph Mazières, *rue Baronie*, 10.
David, *place des Puits-Clos.*
Marcel aîné, *place Perchepinte.*
Bertrand, *place Saintes-Carbes.*
Paul Maison, *rue du Taur*, 21.
Emmanuel Vallée, *rue des Puits-Clos.*
Marie Barreau, *rue Cujas*, 7.
François Olivier, *rue St-Cyprien*, 13.
Marcel jeune, *rue Croix-Baragnon.*
Raby et compe, *idem*, 12.

HUILES, SAVONS ET DENRÉES COLONIALES.

Messieurs,

Bru et Martin Sire, *rue Boulbonne.*
A. Pessieto fils, *idem.*
Raby et compe, *rue Croix-Baragnon.*
Viguerie aîné, *rue du Sénéchal.*
Davin fils et Adde, *rue des Arts.*
Moisset jeune, *rue porte St-Etienne.*

Juéri et Colomiés, *place du Pont-Neuf.*
Prader et Fonts, *rue St-Etienne.*
F. Baville, *rue du Puits-Vert.*
Gèze frères, *place d'Assezat.*
Carrel, *rue Maison-Professe.*
Albert, *rue des Changes.*

DROGUERIE.

Bouloc, jeune, *faubourg Saint-Etienne.*

FIN.

TABLE

DES MATIÈRES.

DESCRIPTION DE TOULOUSE, *page* 3. Capitole, 14. Galerie des Illustres, 18. Salle de Clémence Isaure, 49. Eglises, 52. Maison d'arrêt, 65. Fontaines publiques, 68. Canal du Midi, 83. Théâtre, 87. Journaux politiques, scientifiques et littéraires, 94. Imprimeries, Librairies, Lithographies et Salons littéraires, 98. Pensionnats et Maisons d'éducation, 101-104. Association des bonnes méthodes, 104. Bulletin d'Histoire naturelle; Promenade dans les Pyrénées, 105-106.

COMMERCE ET INDUSTRIE DE LA VILLE ET DU DÉPARTEMENT, *p.* 107-115. Soie, 116. Chambre de commerce, 118. Agens de change et Courtiers de commerce, 119. Changeurs de monnaies, 119. Fonte de fer, 120. Amidonniers, 121. Laminoirs et Martinets à cuivre, 121. Cuivre façonné, 122. Bronze, Fonderie de canons, 122. Filatures de laines, 123. Faïence et Porcelaine, 124. Tanneries, 124. Cartons, fabriques, 125. Couvertures de laine, coton, 125-126. Corderies, 126. Chapeaux, 126. Produits chimiques, Brasseries, Plintholomie, 127. Magasins de Porcelaines et de Cristaux, 129.

SOCIÉTÉS, AGENCES ET ENTREPRISES, *page* 130. Compagnie du *Phénix*, de l'*Union*, *Royale*, contre la Grêle, 130-132. Caisse hypothécaire, Maison de commission, 133. Eclairage de la ville, 134. Chauffage, Lits, et Transports militaires, 134. Pharmaciens de Toulouse, 135 Eaux minérales factices, Bains à vapeur, 136. Dentistes, 136.

Noms et demeures des Négocians, Banquiers et Marchands, etc., *page* 137. Banquiers, 137. Marchands de grains, Entrepôts de sel, 138. Marchands de bois de construction, de bois à bruler, de couleurs, de cuirs, 139-140. Minoteries, Moulins à farine, Fabrique de Vermicelle, 141. Draperie, Droguerie, Eaux-de-Vie et Epiceries, 142-144. Dentelles, Fer ouvré, Fer brut, 145. Glaces, Laines, Modes, Mercerie, Passementerie, Duvets et Plumes, 146-147. Musique, Quincaillerie, Soieries, Meubles, Toiles, 148-151. Vins, 152.

Beaux-Arts et Industrie, *page* 153. Architectes, Arpenteurs géomètres, 153. Entrepreneurs de bâtimens, Maçons, Charpentiers, Menuisiers, Serruriers, Plâtriers, Paveurs et Tailleurs de pierres, 154-156.

Artistes. — Peintres, Sculpteurs, Dessinateurs, Musiciens, 157-159. Maîtres d'écriture, de danse, et d'escrime, 159-160. Professeurs d'Anglais, d'Italien, d'Espagnol, d'Allemand, de Mathématiques, de Latin, de Littérature, 160-161.

Industrie. — Argenteurs et Doreurs sur métaux, 161. Armuriers, Artificiers, Batteurs d'or, Bijoutiers, Affineurs, Bottiers et Cordonniers,

161-163. Bourreliers, Brodeurs, 163-164. Charpentiers, Chocolatiers, Chaudronniers, Coiffeurs et Perruquiers, 164-166. Fabriques de Cierges et Bougies, 166. Couteliers et Distillateurs, 167. Doreurs sur bois, Ebénistes, Fabriques d'Encre, 168. Equipemens militaires, Estampes et cartes géographiques, Fleurs artificielles, Jardiniers fleuristes, 169. Fondeurs de caractères, Fondeurs en fer, en bronze, en cuivre, Ferblantiers, Lampistes, 170. Graveurs sur métaux, 171. Harnacheurs, Bandagistes, Horlogerie, 172. Instrumens de musique, Jardiniers pépiniéristes, 173. Instrumens aratoires, Luthiers, Marbriers, Maroquiniers, 174. Mécaniciens, Opticiens, 175. Orfévrerie, Papeteries, 176. Papiers peints et Tentures, Peignes, Parapluies, Parfumeurs et Confiseurs, 177. Passementiers, Peintres en bâtimens, Plaqueurs, 178. Plâtres et Chaux, Plombiers, Poids et Mesures, Affineurs, 179. Potiers d'étain, de terre, Relieurs, 180. Sculpteurs d'Ornemens, 181.

Voitures, Carrosserie et Sellerie. — Carrossiers, Selliers, Charrons, *page* 182. Forgerons, Peintres, Diligences et Malle-poste, 183. Suifs et Chandelles, Tailleurs, Tanneurs et Corroyeurs, Tapissiers, Teinturiers, 185. Tisserands, Toiles et Taffetas cirés, Jaugeurs et Mesureurs, 186. Tonneliers, Tourneurs, Vitriers, 187. Vétérinaires et Maréchaux-ferrans, Vanniers, Places aux foires et marchés, 188. Hôtels garnis, Restaurateurs, 189. Cafés, Maisons et Commissionnaires de roulage, 190. Transports par eau, Bateau de poste sur le Canal, 192. Bateau à vapeur de Thau, Poste sur la Garonne, Poste aux Lettres, 193. Poste aux chevaux, Messageries, Voitures publiques, Loueurs de chevaux, 195. Réduction des monnaies, des poids et des mesures, 199-200.

Notice sur les principales Eaux des Pyrénées, *page* 201. Audinac, Ussat, Ax, 202. Bagnères-de-Luchon, 205. Bagnères-de-Bigorre, 210. Barèges, 215. Saint-Sauveur, 217. Cauterets, 218. Musée, 222. Notice sur la manufacture d'armes de M. Talabot, 225. Assurance mutuelle contre la grêle, 228. Compagnie du Soleil, 231. Foires du département, 232. Haras, 248. Cabinets curieux, 248. Taxidermie, 250.

Supplément au Guide des Étrangers. — Experts géomètres, Architectes, *page* i. Bains publics, iii. Draperie en gros et en détail, iv. Toilerie en gros et en détail, v. Entrepositaires de Boissons, vi. Huiles, Savons et Denrées coloniales, vi et vii.

FIN DE LA TABLE.

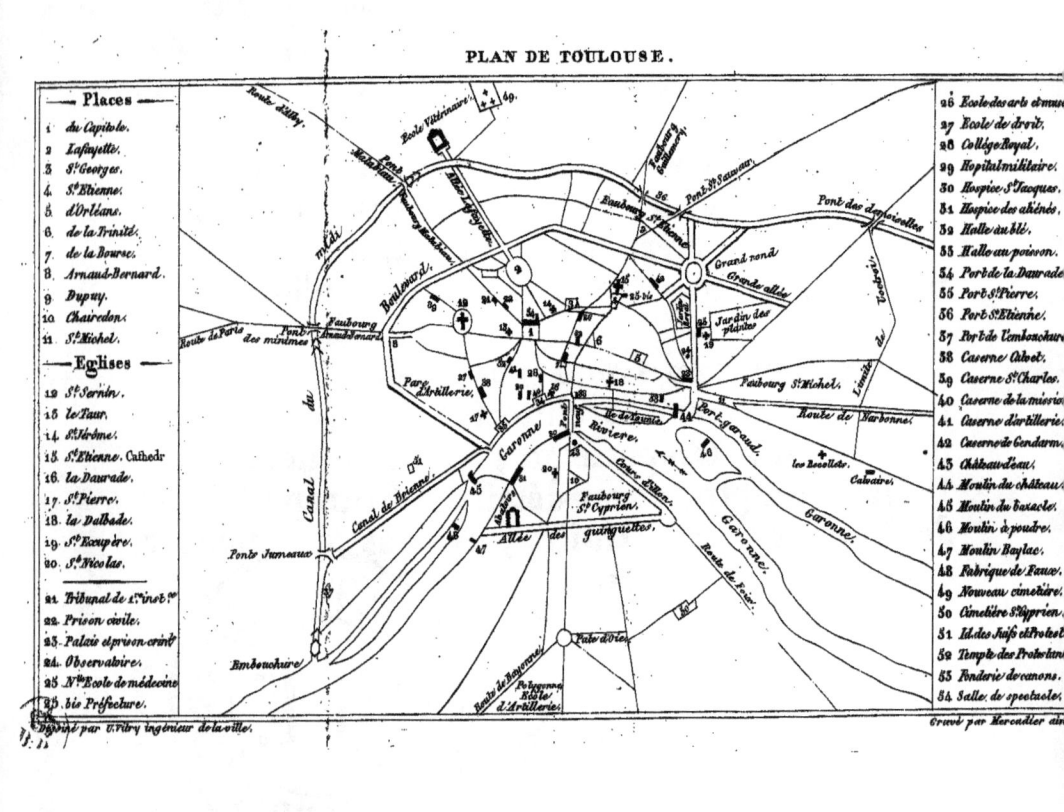

N.º 30 CARTES PUBLIÉES à 10 Centimes par BLAISOT Galerie Vivienne, N.º 49.

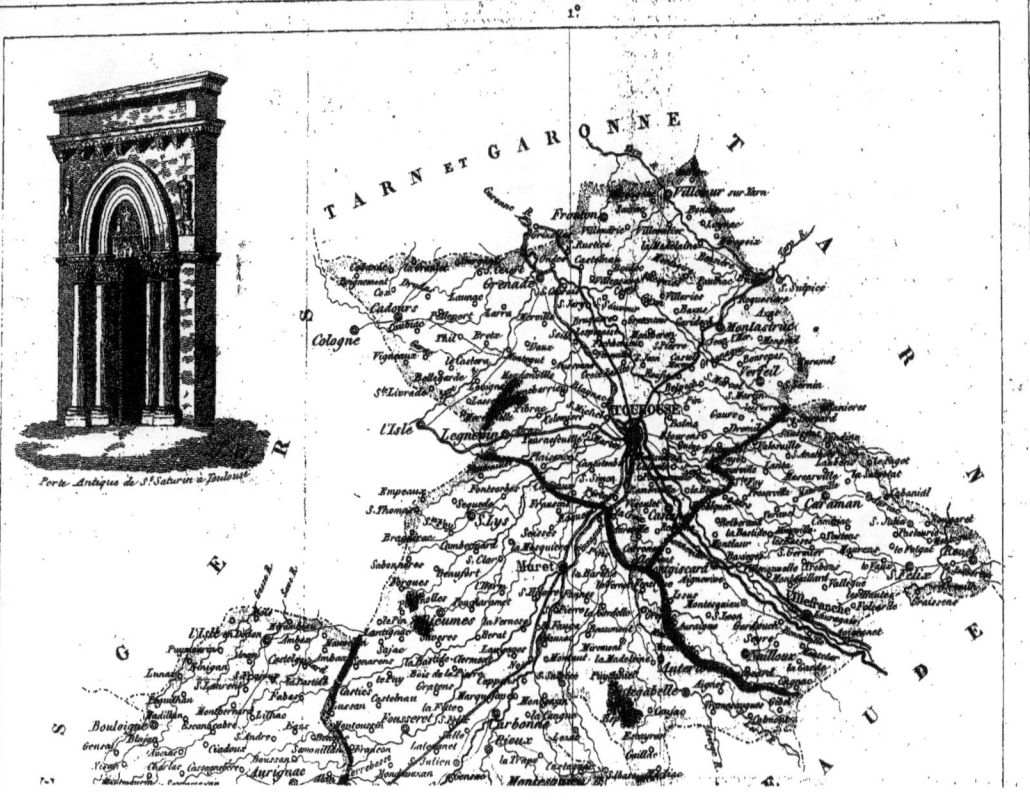

Porte Antique de St Saturin à Toulouse.

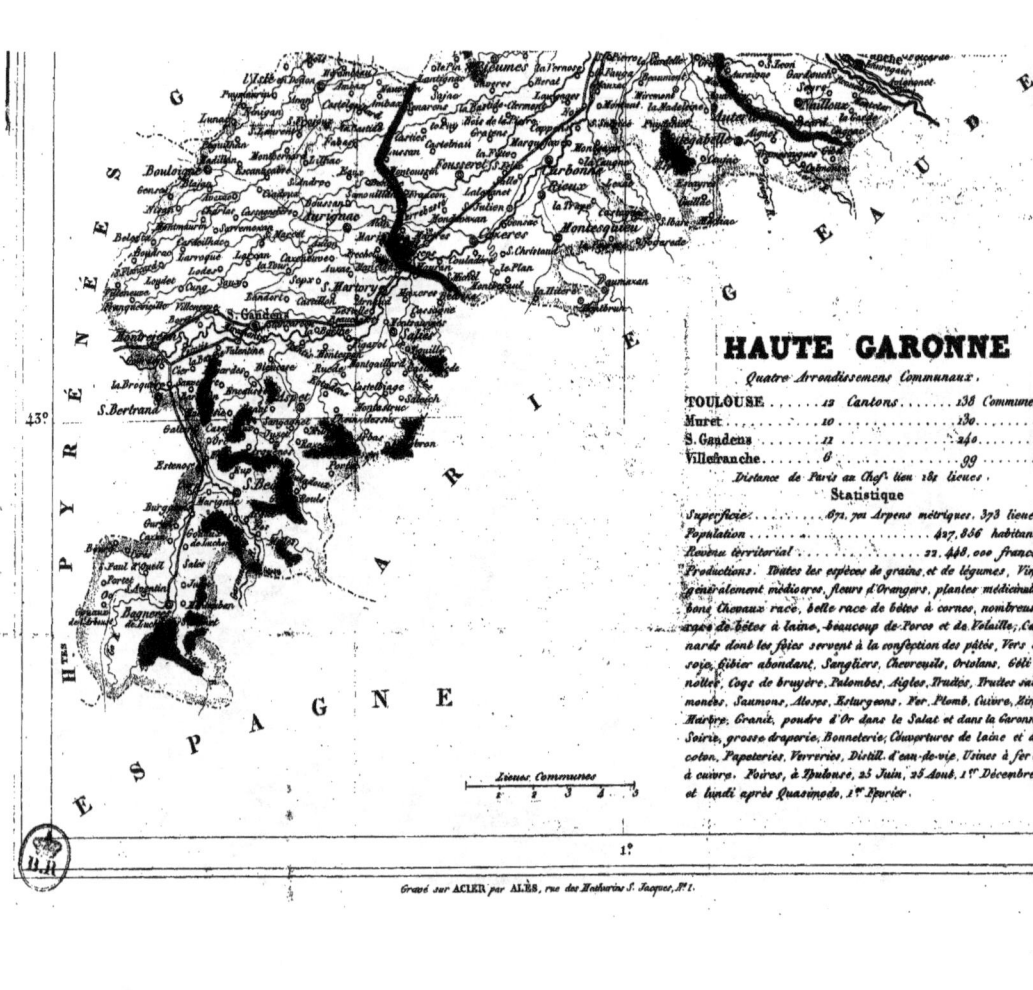

HAUTE GARONNE

Quatre Arrondissemens Communaux.

TOULOUSE ..... 12 Cantons ..... 138 Communes
Muret 10 130
S. Gaudens 12 240
Villefranche 6 99

Distance de Paris au Chef. lieu 181 lieues.

Statistique

Superficie ..... 671,701 Arpens métriques, 373 lieues
Population ..... 427,856 habitans.
Revenu territorial ..... 22,448,000 francs

Productions. Toutes les espèces de grains, et de légumes, Vins généralement médiocres, fleurs d'Orangers, plantes médicinales, bons Chevaux racés, belle race de bêtes à cornes, nombreux races de bêtes à laine, beaucoup de Porcs et de Volaille, Canards dont les foies servent à la confection des pâtés, Vers à soie, Gibier abondant, Sangliers, Chevreuils, Ortolans, Bécassines, Coqs de bruyère, Palombes, Aigles, Truites, Truites saumonées, Saumons, Aloses, Esturgeons. Fer, Plomb, Cuivre, Zinc, Marbre, Granit, poudre d'Or dans le Salat et dans la Garonne, Soiries, grosse draperie, Bonneterie, Couvertures de laine et de coton, Papeteries, Verreries, Distill. d'eau-de-vie, Usines à fer et à cuivre. Foires, à Toulouse, 25 Juin, 25 Août, 1er Décembre et lundi après Quasimodo, 1er Février.

Gravé sur ACIER par ALÈS, rue des Mathurins S.t Jacques, N.o 1.

www.ingramcontent.com/pod-product-compliance
Lightning Source LLC
Chambersburg PA
CBHW050337170426
43200CB00009BA/1626